大展好書　好書大展
品嘗好書　冠群可期

大展好書　好書大展

品嘗好書·冠群可期

養生保健
53

道家太極棒尺內 功

馮志強　傳授

王鳳鳴　編著

大展出版社有限公司

題太極尺研究

太極柔術千年秘傳以意活動慢慢徐徐

姜和身心自然而然不使心動以動為用以靜

為吉為煉先天氣功作用

按太極尺外動內靜足用功法動則流通

血脈靜則旋煉精氣神一念不生

專信專煉碓保健康却病延年

趙中道一九六一年夏

時年一一七歲

趙中道先生（1834—1963）是太極棒尺修煉名人。這是他於1961年117歲時有關太極棒尺的題詞。

2005年作者在日本教學時，受到學員們熱烈歡迎

2006年作者在韓國舉辦的第9屆國際
陳式混元太極拳和氣功交流會

作者在赫爾辛基大學教學

作者在西班牙馬德里教學

作者在瑞士教學

作者在日本教授太極棒尺內功

作者應邀參加了1999年和2003年在德國舉辦的世界氣功交流會，他的論文榮獲「最佳優秀論文獎」

作者在芬蘭主持的「第三屆國際陳式混元太極拳和氣功交流會」

作者在瑞典教授太極棒尺內功

作者在芬蘭赫爾辛基教授「內丹功」

作者在加拿大教學時，學生們在排隊體會他的
內功絕技「丹田內氣鼓蕩」

美國老人堅持練習太極棒尺
內功，治好了「半身不遂」

作者在芬蘭教學時，學生們對他的太極內功
絕技「丹田內氣鼓蕩」產生了濃厚的興趣

作者在教授太極內功絕技
「丹田擒拿」

1988年作者主持的北京志強武館和北京市公安局崇文分局聯合舉辦「崇文區各單
位保衛幹部防衛術培訓班」

作者簡介

　　王鳳鳴先生1952年生於北京，8歲起先後從師於王有志老師學習少林拳，八卦掌第四代傳人劉興漢老師學習八卦掌，1975年正式拜師於陳式太極拳第十八代傳人、氣功傳人馮志強老師的門下，學習太極拳和氣功等傳統技術。經過幾十年的苦心修煉和潛心研究，得到真傳，集太極、氣功、八卦於一身，功深技精，掌握技術全面，是馮老師很有成就的弟子。

　　王鳳鳴先生不僅是著名的武術家，還是從事武術和氣功技術、理論普及的作家。以中文、英文、西班牙出版的著作《道家太極棒尺內功》《道家氣功精華—內丹功—外丹功》《太極推手技擊傳真》《道家內功「循時修煉法」》等成了膾炙人口的暢銷書，發行於世界各地。他還在國內外的武術雜誌和體育報刊上發表過幾十篇有關氣功、太極拳方面的論文。其中《太極尺棒氣功》和《內丹功》論文，曾分別於1999年和2003年在德國漢堡舉辦的世界氣功大會上榮獲最佳優秀論文獎。為了掌握中醫方面的知識，提高對人體科學的認識，他曾在中醫研究院學習了3年。

　　王鳳鳴先生從1982年開始在北京國際教學中心工作，從事武術、太極拳、氣功教學，曾任教練、高級教練、總教練、副總經理和志強武館副館長、總教練等職。培養了大批

的學生，爲傳播和推廣中國的太極拳、氣功事業作出了貢獻。

作爲中國武術界一位非常有實力有影響的武術名家，曾多次受邀出訪日本、韓國、法國、瑞士、荷蘭、西班牙、德國、芬蘭、瑞典、英國、加拿大、美國等國家，進行氣功、太極拳方面的教學和學術交流，得到國內外武術界的尊敬和好評。被讚譽爲「內功王」「眞正的太極和氣功大師」，並被國內外的二十幾個武術組織聘請爲名譽主席、名譽院長、教授、顧問等。

1994年，王鳳鳴先生到芬蘭赫爾辛基大學體育系和其他學校從事太極拳以及氣功方面的教學工作。爲了更進一步推動太極拳和氣功事業在歐洲的發展，他組織成立了歐洲陳式混元太極拳協會，任主席。

從1998年起，他先後在瑞典、荷蘭、芬蘭、法國、德國、西班牙、英國、瑞士成功地領導組織了每年一次的「歐洲國際陳式混元太極拳和氣功交流會」，深受太極拳和氣功愛好者們的歡迎，學員們來自世界上的許多國家。

2007年，美國一所大學邀請「特殊優秀人才」王鳳鳴先生到美國工作後，他組織成立了美國「內功王」國際太極拳學院，任院長。現已開設紐約市分院和紐澤西州分院。

可登錄 www.worldtaiji.com 與作者聯繫。

目　錄

第一章 總 論

第一節 太極棒尺內功簡介

太極棒尺內功源於胡耀貞先生所授和陳發科先生所授的太極纏絲功。

胡耀貞先生身懷道、武、醫三絕，氣功獨樹一幟，飲譽中華，人頌「近代氣功之父」「神醫」。

陳發科先生功夫純厚，太極纏絲功出神入化，獨步一時，人頌「太極一人」。

二位先生德高功精，是近代氣功、武術界傑出代表。

馮志強先生是二位先師高徒，潛心修煉幾十年，功近大成，爐火純青，集氣功武功於一身，是當代傑出代表，聲譽遍及海內外，被國際上稱為「太極巨人」。他根據二位先師修煉結晶，又根據自己幾十年來修煉內功之體驗，在繼承傳統的基礎上，立意創新並有所發展，使太極棒尺內功更具特色，更加系統完善、理論科學化了。

太極棒尺內功過去是道家一種秘傳高層次的修煉方法，它分為普及項目、提高項目、深造項目等。

由於過去長期受傳統習俗所制約，學習功夫內外有

別，其意是一般普通學員只能學習普通項目，要想再繼續學習提高，按中國傳統習俗，學員只有正式拜師後才能得到繼續學習提高的機會，只有少數人才能得到師父口傳心授式的教學。

隨著社會的進步發展和現代思想的開放，為了讓國內外更多的人真正瞭解氣功認識氣功，更深入的提高技術，筆者於前些年下決心將太極棒尺內功氣功中的全部內容公開傳授推廣，使中國數千年來私下秘密傳授轉向全民化。

自公開傳授本功法以來，它如雨後春筍般的發展，現已在中國及20多個國家和地區擁有越來越多的愛好者，凡學過本功法者，普遍認為太極棒尺內功是一種不可多見的優秀功法。

它是歷代修煉家們經驗結晶而集成，具有完整的體系，系統的理論，科學的程序，鮮明的特點和獨特的風格。它以得氣快、療效顯著、易掌握、通俗易懂、由淺入深、層次分明、功法科學、技術獨特、理論精妙而著稱，因而備受廣大氣功和太極拳愛好者的青睞。

練習太極棒尺內功之所以能夠得氣快，功效顯著，而又能夠在長期修煉中不出偏差，使身心受益，與它的功法科學合理、技術獨特密切相關，更主要的是與它的練功程序和功法理論有極深的關係。

太極棒尺內功理論基於中醫學、運動醫學、易理、道經、古典自然辯證哲學理論的精華，其內涵既有自然辯證法的思考，又有功法理論實踐；既有對人體科學的認識，又有身心修煉的內景。理論來源於實踐，但經過縝密科學

的提煉總結後，它又科學地指導練功實踐。

這種從實踐到理論，再從理論到實踐中去的練功過程，不僅給廣大氣功愛好者們以正確的練功方法，而更重要的是給修煉者提供了科學、完善、系統的氣功實踐理論，使學習者可多方受益。

太極棒尺內功適合於各個層次的人進行修煉，如想祛病健身者、想提高氣功水準深造者、醫務工作者、練習太極拳及其他拳術想提高內功者、想提高技擊擒拿技術者。尤其是當太極棒尺內功修煉到一定水準後，它不僅能達到祛病健身、延年益壽之功效，此時運用於中醫的點穴、按摩、氣功療法上療效更佳；運用於硬氣功，能開磚劈石，更具有威力；運用於太極拳或其他武術之中，內氣更覺飽滿充沛；運用於技擊擒拿，則有更勝一籌之功效。

太極棒尺內功自公開傳授以來，曾先後在中國、新加坡、日本、美國、韓國、芬蘭、法國、瑞典、德國、荷蘭、瑞士、西班牙等國家發表過一部分內容介紹資料，但是仍然滿足不了廣大氣功學習者的需求，許多氣功愛好者紛紛來信來函建議出版介紹本功法的全部內容。

為了滿足廣大氣功愛好者們的願望和需求，我們歷經幾年的搜集整理，並幾易其稿，最終將太極棒尺內功彙編成冊。書中記載有古代修煉家傳留下來的寶貴經驗，又有馮老師幾十年如一日的成功修煉結晶和筆者多年來修煉氣功的心得體會，它以圖文並茂的形式詳實系統地介紹了本氣功各層次的修煉方法及要領。

書中即有適合廣大普通學員學練的以祛病延年、健身

強體為目的的練功方法，又在提高項目中，具體詳實介紹了丹田的形成、丹田內動功、大小周天功、氣轉帶脈等練功方法。

本書還考慮到一些想繼續深入修煉者們的需求，在深造項目中著重介紹了後天轉先天功法及先天呼吸法的修煉方法。纏絲功、中氣功、混元氣功等上乘功法的介紹，則更能啟迪、指引修煉者步入上乘功夫之門。使修煉者感到有章可循、有法可依、步步提高、層層深入之感。

氣功的功能有多種，但始終圍繞著提高人們的健康層次和思維層次而展開。這也是古代人與現代人所共同需求的養料。氣功作為一種古老的運動形態，又具有嶄新的現代實用價值，這正是我們今天研究整理介紹太極棒尺內功意義所在。

現將它推薦、介紹給廣大熱愛氣功和太極拳運動的讀者們。並希望此書的問世，能對你們學習氣功（內功）有所啟迪！

祝願天下人健康長壽！

第二節　太極棒尺內功技術特點

太極棒尺內功是歷代傳人修煉經驗的精華集成。它除了有與其他氣功所有的共性外，還有它的個性，也就是獨到之處。

歸納起來可分成以下幾個方面。

（1）太極棒尺內功技術風格獨特。太極棒：陽、動、開、擺、�、搖、捲、震、拍、旋。太極尺：陰、靜、合、顛、纏、晃、翻、顫、點、轉。

（2）太極棒在氣功中表現形式為陽，主動，屬「武功火候」。是在太極尺修煉靜養心神培補元氣的基礎上，運用獨有的螺旋纏繞式的纏絲方法，將蓄積的內在功力宣發出來。有強筋壯骨，增強掌指功夫，內外兼修之功效。

（3）太極尺在氣功中表現形式為陰，主靜，屬「文功火候」，主修內。要求靜心養練，以虛靜之功來修養心神。壯五臟，榮筋骨，通經絡，和氣血，求達修靈養性煉氣化神的修煉目的。太極棒尺結合練習，能夠起到剛柔相濟、陰陽結合、文武兼備之功效。這樣養練結合，能使修煉者氣功水準不斷得到提高。

（4）練習本功，在手持太極棒或太極尺時，可使身有所依，意有所思。以棒尺導氣，外引內連，氣有所循，所以練習太極棒尺內功可以改變以往徒手練習氣功時越想靜越難入靜之狀況。

（5）手握太極棒尺練習氣功時，透過雙手與太極棒尺互相產生摩擦，會對手部主要經絡穴位，如勞宮、內合谷、魚際、少府、四縫、十宣等產生不同程度的按摩刺激作用，從而能夠起到疏通經絡氣血，使氣達於梢，促進內氣周身循環的練功功效。

（6）太極棒尺內功動作簡單，利於掌握，集內功、外功、養生、按摩、保健、纏絲功、技擊於一體。由淺入深，技術全面，闡述精闢，功理科學。

（7）太極棒尺內功有獨到的技術動作，可幫助修煉者順利「闖過三關」，使內氣暢通無阻。

（8）練功時要求兩手不離棒與尺，尺引氣動，身隨氣行。動作總不離上下、左右、前後、近退、出入和沿圓形軌跡運轉。而且每一招一式要重複運作多次，行功日久便會忘卻太極棒尺這一身外之物，使周身內外自然運動渾然一體，在不知不覺之中進入氣功修煉的物我兩忘狀態之中。

（9）內外俱修、以內為主，動靜相兼、以靜為主，練養結合、以養為主，是本功法的修煉指導原則。

（10）本功法學練起來容易掌握，得氣快，療效顯著，增內功。能使練習者少走彎路不出偏，以此帶領修煉者步入氣功的更高境界。只要持之以恆堅持學練，便能收到事半功倍之功效。

第三節　太極棒尺製作規格要求

太極棒尺製作時應採用質地堅硬、紋路細密的硬木材料車製而成。

太極棒：

要求通體圓潤光潔，呈上下一致的圓柱形狀。兩端為漸次凸突的圓弧形，恰與兩手心的凹陷處相吻合。其長度與練習者握拳時自拳頂到肘尖的距離相等，棒圍則以練功者大拇指與中指相合為標準（圖1）。

圖1　太極棒

太極尺：

　　要求尺長約1市尺左右，呈不規則的圓柱形，尺身中段呈圓球狀，兩側漸細，兩端呈半圓形，其粗細程度以恰可盈滿手心處為標準（圖2）。

圖2　太極尺

第二章 太極棒尺內功理論基礎

中國氣功門派繁多，具體練法各異，總結歸納起來，其練習方法可概括為調心（意念）、調息（呼吸）、調身（姿勢）三個方面，這是練習氣功的三個重要法則，也是基本功。

第一節 如何調心

一、運用意念

氣功主要是心理活動的訓練，用意識影響身體，用心理影響生理，用外環境影響內環境，用外環境補充內環境……因此要注意意念活動的訓練。

意念有主動意念與被動意念之分。初學者是從主動意念開始練習氣功的。什麼是主動意念呢？主動意念是練功時運用意念主動去找意守竅位或意守點。

練功時要求意到氣到，意在先，氣在意念之後，稱為守竅。被動意念是經過一個時期練功有氣感後，意念沒有

時也會感到氣在某部位動或氣在運行。循經走脈，氣到後才感覺到，才有意識。此為氣在先，意念在後。

　　練習時意守內氣運行，循環於經絡時稱之為守脈。守脈是比守竅更深入一步的練功方法。練功至此階段時，在日常生活中有時在不練功的情況下，也會感覺到氣在身體某部位運行，這就是氣在先意識在後的表現。

　　要想收到練功入靜的練功效果，首先要正確掌握意守方法，選擇適合自己練功的意守目標。

　　意守方法分為：

（一）意守外景

　　練功時選擇一外景物為意守目標。例如花草樹木，山河湖海等。

　　選擇目標的原則是：內容簡單，自己熟悉，對自己有吸引力，能使自己心情愉快宜入靜。但不能選擇引起高度興奮、刺激性強、擾亂性大的事物作為意守對象。

　　意守外景時要用眼睛看、用耳聽、用意想某物。用感知器官感知該實物並守之，但意守之物不能太具體，要籠統抽象「若有若無」的樣子，在輕鬆自如的意念裏有「一守」的念頭即可。這是初學者意守的方法，能引導練功者較快地進入練功時的入靜。

（二）意守竅位

下丹田：

主煉精，主管生殖泌尿系統。位置在會陰深處（會陰

位於肛門與前陰之間，男子相當於前列腺處，女子在子宮口處）（圖3）。

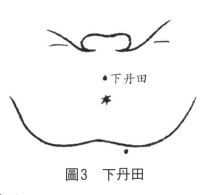

圖3　下丹田

下丹田是一個空竅，練習氣功時意守下丹田主煉精，是煉精化氣之處。意守下丹田應先從守會陰開始，由會陰向上吸至下丹田。

練習意守下丹田不僅有煉精的作用，對於精氣虧損、氣血虧虛之類病症也具有很好的療效。還可以起到將任、督兩脈接通的作用，使內氣在周身運行，循環於大小周天。

中丹田：

主煉氣，主管臟腑循環運化系統。位置在肚臍內深處，是一個空竅（圖4）。練習氣功時意守中丹田主煉氣，是煉氣化神之處。古人稱中丹田為「中央無極土，萬物由此生」。

我們認為中丹田是煉氣修丹的一個區域。是彙集、儲存和運轉內氣升降出入的基地。所以不要片面地理解為中丹田是某個穴位，或是一個點、面。

中丹田

圖4　中丹田

上丹田：

主煉神，主管腦神經意識控制系

統。位置在兩眼正中祖竅深處（圖5）。練習氣功時意守
上丹田主煉神，是煉神還虛之處。

命門：

是練習氣功的重要竅位。其
位置在肚臍與腰部相對，即兩腎
中間（圖6）。在命門兩側有左
右兩腎，兩腎與命門之間又有陰
陽兩竅，是調整命門與兩腎二者
之間平衡的。命門屬火，腎屬
水，二者相剋、兩竅居其中調
和，以達水火相濟。古人云：
「丹田為生門，命門為死戶」
「出腎入腎是真訣。」又云「三
寸氣在千般用，三寸氣斷萬事
休」，三寸氣即指命門，可見命
門之重要。

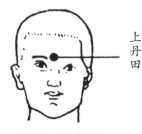

圖5　上丹田

意守命門對強壯腎氣幫助很
大，命門氣足即可生精，精液充
足煉化成氣血還原於身，還精補
腦即可長壽。意守命門就在於精
氣轉化，又可行通督脈。

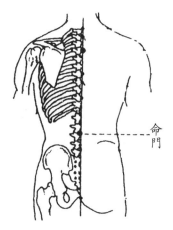

圖6

會陰：

是練習氣功的重要竅位。位
置在肛門與前陰之間（圖7）。
下丹田在會陰深處，男子相當於

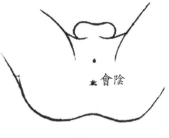

圖7

前列腺處，女子下丹田在子宮口，下丹田是一個空竅，意守下丹田就是從意守會陰開始。會陰穴又是任、督兩脈的起始點連接處。

練習意守會陰不僅可以生精煉精，而且還有將任、督兩脈接通的作用。使內在之氣運轉周身，生理上有顯著的變化，能達到內氣循環運行於大小周天。

意守命門、會陰兩竅能多生精液，提煉氣血精華和調整經血，以補充其虧損。意守此兩竅還與精液、經血分泌、輸送器官關聯，可加強相關器官運動，調整其機能，結合意守中丹田所起的各種作用，即可增強精液分泌和調整經血的能力。精血氣充沛之後，五臟六腑以及經脈皆可暢通。

勞宮：

是練習氣功的重要竅位。其位置在手掌中心處（圖8）。手是手三陽經和手三陰經起始點連接處。練習太極棒尺內功，意守勞宮時，透過按摩刺激手部的經絡穴位，能促氣達於梢，疏通經絡，使手部六經之氣暢順循經走脈的作用。古人認為「在上氣根在手」，要求「呼吸在手」。

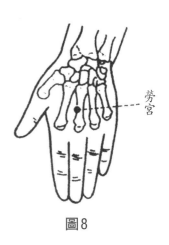

圖8

練習氣功意守勞宮竅位時，還能達到採納氣和發放氣的練功功效。

湧泉：

是練習氣功的重要竅位。位置在足心前三分之一凹陷

處（圖9）。足是足三陽經與足三陰
經起始點連接處。練習氣功意守湧
泉竅位時，能起到 通足三陽經與足
三陰經的作用，使六經之氣暢順循
經走脈。湧泉穴又是腎經之源，腎
氣乃先天之本。古人認為「在下氣
根在足」，要求「呼吸在足」。

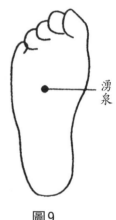

圖9

　　練習氣功意守湧泉竅位時，它還
能達到採集地氣並與之相接的練功
功效。

囟門：

　　是練習中氣功階段時，後天轉先
天功時的重要竅位。位置在頭頂中
部中心處（圖10）。練習氣功意守
囟門，待修煉到中氣真正通了時，
便會感到頭頂囟門處開啟，如同嬰
兒的「天靈蓋」（即囟門）一樣，
隨先天呼吸和內氣的運行而一開一
合地上下啟動。氣由下而上行為

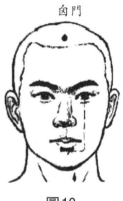

圖10

吸，囟門處如同洞穴一樣，隨囟門開啟時，內氣如同流水
般湧入囟門後，隨呼氣直灌中丹田，下丹田自囟門封閉，
內氣走中腔。囟門開始啟動是練習氣功至後天轉先天的重
要轉折點和標誌。常言「練功能返老還童」即為此意。

　　在練習氣功中無論守哪一竅，其呼吸活動（指竅的呼
吸）都要牽連丹田活動，它們相依相連不能分開，都要以

丹田為中心，無論練哪一種功法都離不開它，所以說意守丹田是氣功中築基法，最為重要。

　　道家氣功注重意守人體，意守某一部位稱為守竅，意守經脈循行路線稱為守脈，還有意守呼吸，意守整個人身。初練者多從守竅開始，而守脈是守竅的繼續。守竅適用於內視意守和真意意守，一般應從採氣生精、煉精化氣、意守下竅開始，如中丹田、命門、會陰。意守下竅生精化氣，強身健體功效明顯。後天轉先天功法從守上竅開始，如百會、囟門、祖竅。

　　守上竅有益智聰神、開發大腦潛在功能的作用。對於初學者來講，若練至真氣充沛周天行通時，這時竅點都在循行之中，而且不同的練功階段，守竅也應相應轉換。因為意守竅位不同，所產生的練功功效也各不相同。為治病健身而練習者則應根據自己的病情和身體狀況選擇相應的經絡和竅位。

　　求功夫上進者則應根據自己練功具體情況，如目前達到什麼水準了、什麼階段了，而有步驟有計劃地來選擇意守竅位和意守方法。需要值得注意的是，我們要理解認識到練習氣功的竅位與中醫針灸時的穴位有所區別，有所不同之處在於：所謂竅位不是點，也不是面，而是圓形的體，因此守竅時意念不能守體表皮膚，而是意守體腔內，搞好此類意守的關鍵是「似守非守，若有若無」。

二、意守方法

　　修煉氣功意守方法有3種，即內觀意守、真意意守和

神光意守。

（一）內視意守

即用意念想著意守處，用眼「內視」意守處，這樣便會潛意識裏放棄了眼、耳、鼻、舌、心對外界的感知作用，而是用意念去想、聽、視意守處的各種變化反應。

（二）眞意意守

指修煉氣功到高級階段時，真念統帥了雜念之後，即可將真念注入所守事物中，意守之念與所有守之物混為一體、了無區別，意識達到高度集中，由此進入「物我兩忘」的清靜虛無的境界。

（三）神光意守

指修煉氣功至「覺明」階段，當出現「神光」時，將神光隨意念內收寄之於上丹田，修煉中丹田時將神光寄之於中丹田，修煉下丹田時將神光寄之於下丹田……此種意守方法，不必分辨意念行走路線。

因為意念活動沒有明確的路線，當意想某一物時，即使是距離遙遠，當意念與所想之物相吻合時，絕說不出意念經過什麼路線達到所守之物。此種運動雖然也有「目」光，但光是隨意念而動的，其所動之氣是混元氣。

三、意守原則

意守的方法儘管很多，但意守的原則是相同的，即似

守非守、若有若無、一聚一散、神守如一。

　　似守非守、若有若無有兩層意義。

　　其一意守某一事物，不是死死守著該物不放，而是自自在在輕輕鬆鬆的，在意識裏有「一守」的念頭即可。這是指初練氣功者而言。另外，意守是真念驅使雜念守於某處，當游移之念守於某處而不動時，則與真念合為一體，此時真念發命令之驅使職能也就失去了作用。也就是說，要意守的念頭即化為烏有，而呈現似守非守。

　　其二，所守之物雖然是實物，但練功意守時，不是用感覺器官去感知該實物，而是以意識去感知並意守。故所守之物不能太具體、太實在，故稱「若有」。然而意守之物雖然籠統抽象，但畢竟是實物的標誌，而非空無一物，故稱「若無」。

　　以上所談兩項原則看似簡單，實際上做起來並不容易。要達到上述要求，練習氣功時要恰如其分並運用得當地掌握「似守非守，若有若無」的原則。

　　一聚一散指的是意守初級階段的方法而言，用意念引導氣達到所意守之處，此時稱為「聚」。能否聚得來，關鍵在意念是否振奮，當出現雜念時能否順利地排除雜念，再則內氣能否配合意念達到所意守之處也是很重要的因素，因為它直接影響著意念的質量。例如意守丹田時，氣達於丹田此時稱為「聚」。隨呼吸動作氣由丹田出發而循經走脈時，意念必然隨之，此時稱為「散」。

　　神守如一指的是修煉氣功到了高級階段時，真念意守階段。真念統帥了雜念後，即可將真念注入所守事物中，

能守之念與所守之物混為一體了無區別，意識達到了高度集中，由此進入「物我兩忘」清靜虛無的境界也就不難了。

第二節　如何調息

調息是練習氣功三大要素之一，不僅能起到對呼吸系統的調整，還直接影響到機體內部氣血的運行。並有助於精神意念放鬆和入靜，使之修煉有素。

練習氣功時對呼吸各個階段的轉化過程，是根據內功增長情況自然進行轉化的，如自然呼吸轉化為腹式深呼吸，後天呼吸轉化為先天呼吸等。

練習氣功如還沒有達到某階段「火候」時，絕對不要人為地硬性轉化，或勉強將呼吸拉深長或縮短，這樣不僅不利於對呼吸的調整，也達不到應有的練功效果。

這種拔苗助長式的練功方法，時間長久後反而會引起一些不良反應，如憋氣、胸悶或頭昏等副作用，是值得注意的問題。

以下介紹幾種練習氣功時的呼吸方法。

一、自然呼吸法

指日常生活時不學自會的自然呼吸方法，就如同在生活中根本不注意自己的呼吸一樣。練習氣功時採用自然呼吸法容易掌握，也會少出弊病，練習氣功時只要把自然呼

吸調整到平衡、柔和自如的狀態就行了，初學者採用此種呼吸方法，便能收到一定的練功功效。如自然呼吸掌握好了以後，再進一步練習其他呼吸方法。

二、腹式呼吸法

（一）順式呼吸法

練習氣功吸氣時，腹部逐漸隆起，呼氣時腹部逐漸收進的方法，稱之為順式呼吸法。

（二）逆式呼吸法

練習氣功吸氣時，胸部擴張，腹部逐漸收進；呼氣時胸部回縮，腹部逐漸降起，稱之為逆式呼吸法。要求達到自己息氣相依、均勻、深長、柔和、氣沉丹田。

三、形息法

是指練習氣功動作時與呼吸相配合的方法，練習時的呼吸要與動作的開合、起落、伸縮、內外、曲直、步法相協調一致，達到形、息、氣相合為一。

形動、息隨、氣至、動作與呼吸相配合的規律是：

吸——開、陽、升、起、外、上、動、伸、大、進

呼——合、陰、降、落、內、下、靜、縮、小、退

形息呼吸法的基本要求是形、息、氣相合，呼吸隨動作變化來調節呼吸，這是一般情況下的形息運動規律。但是在練習氣功時，由於某些特定動作要求不同或是意守部

位不同，有時則不按常規的形息法，還要根據不同的功法動作要領所需，以它特定的形息方法來練功。

以上所述自然呼吸法、腹式呼吸法、形息法均屬於後天呼吸的方法，吸進氣由內而外走陽經氣離丹田，呼氣時由外而走陰經，氣歸丹田。

四、胎息法（丹田呼吸法）

胎息法是指胎兒在母體內透過臍帶進行呼吸，而不是胎兒靠自己的鼻、口、肺來進行呼吸。所以練習氣功時稱「胎息法」為「先天呼吸法」。

練習氣功達到此階段後，呼吸已不受鼻、口、肺所控制，而是會感到丹田內氣一呼一吸的前後拉動，產生自發的「內氣鼓蕩」來調節內呼吸，所以它又被稱之為「丹田呼吸法」。練習氣功至此階段，是後天轉化為先天階段的一個重要轉折點和里程碑。

五、龜息法（冬眠呼吸法）

龜息法是更深層次的先天呼吸法，是胎息法的深入。練功達到此階段時，「呼吸微微，似有似無」，步入類似某些動物處於「冬眠呼吸」的狀態，它標誌著能自我調節控制呼吸心率。

經科學儀器測試研究表明，在練功入靜過程中，大腦皮質逐步抑制，機體內耗氧量顯著降低，基礎代謝下降，人體總消耗指標顯著下降，脈膊微弱似停，心肺活動降至最低點。因此修煉氣功進入高深階段時，如調理得當，是

可以達到「冬眠呼吸」狀態的。

以上表明，練習氣功時透過調整呼吸，可使修煉者容易進入練功入靜狀態，促進氣血運行循經走脈，增強氣機加快運轉，促進推動人體內部機能活動，改善加強氣血循環系統。

第三節　如何調身

調身作為練習氣功的外在表現形態，是在一定的要領與準則下指導人體運動的，它給人最直接的感覺就是「形」。「形」也是認識氣功的第一步。

氣功的形包括三個方面。

一是肢體動作，這是氣功的最基本形態。為達到不同的練功效果、目的而產生了各種各樣的身體運動姿勢。這些姿勢有直接導引內氣的，也有表達一定意象，體現一定思想規範的，對於身心有各種輔助作用。

二是內臟運動，即由外在的肢體運動而帶動身體內的各個器官產生運動，從而鍛鍊臟腑功能。臟腑的運動則包括臟腑自身的運動和臟腑之間相互聯繫的改善。

三是呼吸運動。即練習氣功動作時配合各種呼吸方法，是練習氣功的一個重要方面。

動作、意念、呼吸有機密切配合，是練習好氣功的必要條件。

所以調整身體各部位姿勢，使之符合練習氣功動作時

的要求，對學好氣功動作，提高鍛鍊效果很有關係，也是練習氣功的基本功。

因為正確姿勢能促進氣血的運行，錯誤的姿勢則能阻滯氣血暢通。所以形不正則氣不順，氣不順則意不守，形是氣之宅，意之所依，因此，歷代養生家對於調身都是很重視的。尤其對初學者來說，應該先重形而後重意，首先要求姿勢正確，由「形似」再向「神似」方向下工夫。

初學者要注意規矩，「沒有規矩，不成方圓」就是這個道理。看似簡單，實際上基礎得以鞏固。因此初學者首先要注重調身的練習，有重點地專心糾正、克服一些不正確的姿勢，有利於逐步提高。

練習氣功對身體各部位的基本要求。

頭部：

頭部為經脈之總會，五臟六腑之氣血皆彙聚於此。大腦是生命的最高中樞，上丹田在腦中稱為「元神之府」，各種生理訊息都要集中在這裏進行加工處理，全身各部的生理功能皆受大腦的調節，因此，練習氣功時首先要注意頭部姿勢的正確與否，這不僅是立身中正的關鍵，還是誘導氣血上升以養腦榮神，使神主宰全身生命活動的機能加強的重要方法。對於調整身形來講，頭部姿勢起著提綱挈領的作用。

頭要「虛領頂勁」，要求百會穴有輕輕上提之意，頭上似輕頂一物，不讓其掉下來一樣，說明練功時頭要保持正直，不可低頭仰面、左右斜歪。

眼：

由於練功時動作不同，對眼睛的要求也各不相同。例如，做採氣功時先延展及遠，隨動作採氣後眼神由遠而內收至內視丹田。又如，站樁時眼要含光默默，自始至終內視丹田或其他意守部位。

面：

面是身體健康狀況訊息圖，每個人的身體健康狀況變化可以在面部觀察暸解一二，全身臟腑器官在面部都有對應點，如眼通肝、鼻通肺、舌通心、耳通腎、口通脾等。

經絡氣血均上於面而行，所以，練功時為了使氣血得以暢通、循環、調節，面部肌肉要放鬆，面部表情要放鬆自然。

口：

口要輕閉，齒輕合，舌抵上齶。督脈起於會陰，止於上唇的齦交；任督起於會陰，止於下唇的承漿，所以舌抵上齶，能起到幫助任、督兩脈貫通的作用，氣功術語稱為「搭鵲橋」。任脈屬陰督脈屬陽，所以有協調陰陽之功能，同時還能增生津液，待津液較多時，咽入胃臟有利於消化。津液還有生精化氣的作用。

耳：

耳是血管神經密集區，全身功能狀態的訊息透過各種渠道彙集於耳，所以，耳部有治療全身疾病的反應點，耳又是外界訊息的集散地，因此練功時要耳不外聞而內聽，內聽氣在丹田及意守部位的變化反應，對練功入靜意守能起到良好的作用。

項：

項是頭與身樞聯繫的樞紐，是神經、血管、經絡、氣血的上下通路。項部姿勢掌握得正確與否直接影響到經絡氣血的運行，進而影響全身的機能活動，因此練功時頭要端正豎起，而且要鬆豎不要強硬，如果項部有緊張強硬的現象發生，會對神經產生刺激，影響到中樞神經正常運行。

肩：

練習氣功在鬆肩的前提下達到沉肩墜肘，是身體放鬆重要的方法，沉肩墜肘能起到幫助「含胸拔背」自然形成的作用，並有利於氣沉丹田。

肩部的放鬆和旋轉，有利於手三陽經氣血順利運行到肘和手。但是沉肩墜肘同時要注意兩腋虛空，不要把胳膊緊貼在肋部，要「肘不貼肋」；肩要與腰相合形成垂直線，這樣符合立身中正的要求；兩肩鬆沉並有微向前合之意，有利於氣貼脊背；做動作時兩肩要保持平衡，要防止運動與旋轉時兩肩一高一低現象的發生。

肘：

肘要自然微屈鬆墜，要保持胳膊有一定的自然彎曲度，做動作時勿使胳膊伸得過直，從而形成手臂的放鬆、開合、升降、收放、螺旋纏繞等變化。

手：

手心勞宮穴練習氣功的重要穴位之一，它能起到發放和採納氣的練功效果。古人認為「氣之根在手」，要求「呼吸在手」。「從經絡學上來講，手是三陽經和三陰經

起點連接處，全身氣血彙集於手。手部有許多穴位，透過練習太極棒尺內功，手掌內含持棒，可使內氣不外散而蓄於內，起到按摩刺激手部經絡穴位的作用，經常鍛鍊手，能起到促進氣達於梢節、疏通經絡之功效。

胸：

胸要含，含胸要有寬舒的感覺，兩肩放鬆微向前合，可使胸腔上下放長，橫膈肌有下降舒展的機會，這樣很自然地就會形成深呼吸，它是在不增加呼吸頻率的情況下達到呼吸深度的。含胸可使重心下降和橫膈肌活動得到加強，橫膈肌的張縮變化可使肝臟和腹腔受到時緊時鬆的腹壓運動，對促進肝臟功能活動和血液流通很有幫助。

胸部為陰經交會之所，胸含可使五臟陰經氣血交換順暢，從而保證了五臟功能的正常發揮。

此外，練功時胸部的開合、折疊、運化，對於上肢活動亦有很大幫助作用，可促進氣運達肩、肘、手。

腹：

練功時腹部的開合收放，使腹腔內壓加強，形成了內臟之間互相摩擦按摩，可促進胃、大小腸、膀胱、腎臟新陳代謝功能及這些器官的經絡得以疏通，氣血得以運行。古人稱腹為「氣海」丹田所在地。

練功時腹部的深呼吸，有利於氣沉丹田的作用，功深後還會達到腹內氣在丹田鼓蕩運轉，有助於潤滑胃及大小腸，同時又增強腹壁肌的韌性。

練功時有時產生「腹鳴」的現象，是胃腸蠕動與腹內之氣相摩擦的表現，這對增強消化系統功能，多吸收營

養，提高排泄能力，調節生理，使消化系統達到最佳工作狀態，具有良好的功效。

臀：

練功時要求臀部內收，不要向後突臀，其主要作用是幫助鬆胯、鬆腰、提肛，和提會陰相配合，能促使氣沉丹田。

收臀還利於身體保持立身中正和平衡，同時又可使身體重心下降，因為收臀可使整個脊柱下端的腰部放鬆和尾閭內收。

脊背：

脊背與胸相關聯，當胸向內含時能起到含胸拔背的作用，而兩肩中間脊椎骨似有上提之意，這樣背部肌肉就形成了一種彈簧力的感覺。

脊背是督脈氣上行必經之地，含胸拔背可導引促使氣沿督脈上行，有開通閉塞，使氣順利通過三關的作用。腧穴在背部是人身氣血的總會，臟腑經氣都由腧穴而相互貫通。練習氣功應重視脊背的鍛鍊，可起到調整陰陽、調和氣血的作用。

腰：

練功對腰部的要求是鬆沉靈活。腰部的鬆沉靈活是為了上體之氣降達丹田的練功功效，有助於動作變化的靈活，使身體重心穩定。

腎位於腰中，是煉精化氣之所，練功時就是透過腰部的旋轉變化產生離心力而推動內氣貫注於四肢梢節的。

腰為腎之府，腎為先天之本、藏精之舍、性命之要，

生氣之源命門在兩腎之間，兩腎屬水，命門屬火。練功時意守命門兩腎，水火相濟，精氣自壯，調整經血以補虧損，煉精化氣還原於身即可延年益壽。

經常做腰腿螺旋纏絲動作，可以幫助鬆活腰胯關節，提高靈敏反應和柔韌性。

膝：

膝部承擔著全身的重量，而膝關節負擔最大，因此，膝關節必須有力而靈活，為了保持立身中正的身法，兩膝前後左右互相呼應，配合開襠圓胯，可使身體沉著有力。

練功時要求用意識來放鬆，增強韌帶彈性和靈活性，使氣能夠隨心所欲地節節貫穿達於足，使關節鍛鍊得到滑潤、旋轉自如，使關節與關節之間能夠充分地承擔重量，從而增強耐力。

在練功中應注意，為了保持立身中正、不偏不倚、保持平衡，膝關節以不宜超出腳尖為度（特殊動作除外）。

足：

足底湧泉穴是練習氣功的重要竅位之一，它能起到排除濁氣並與地氣相接的作用，古人認為在下「氣之根在腳」，要求「呼吸在足」。足底湧泉穴又是腎經之源，腎氣乃先天之本，由此可見足之重要。

從經絡學來講，腳是足三陰經和足三陽經起始點連接處，全身氣血彙集足，腳底又是全身各部位的反射區。練習太極棒尺內功，能起到刺激按摩腳底的經絡穴位和反射區的作用，使六經之氣暢順地循經走脈，從而達到練功祛病健身的目的。

足為步型、步法、身法的根基。根基不穩稍有偏差，步法身法必亂，必將影響到立身中正，進而影響呼吸的順遂。練功時要求足部動作須正確、靈活、穩當。使步型步法有規律的變化與整體動作相配合，以支持和調節全身重心的平衡穩定。

　　綜上所述，調身是調整形與氣的關係。形是方法，而氣是內容，對氣功的認識與鍛鍊，如果僅僅停留在外形上，則是沒有抓住實質，只是初級階段效應。只有深入到「氣」的層次，才完成了由外及內的過程。

　　修煉氣功到了高級階段時的「內形」運動，此時才真正掌握了氣功的運動規律。

第四節　精氣神與丹田

　　道家認為，天有三寶日、月、星，地有三寶水、火、土，人有三寶精、氣、神。人身三寶，損則多病，耗盡則亡；精足則氣足，氣足則神不衰。煉精化氣，煉氣化神。凝神煉氣，煉氣生精，精氣神，相互轉化、相互依存，實為一體。「壽命的長短，全靠精氣神之盈虧」。因此，修煉氣功，根據身體結構，在姿勢安排和修煉方法上都十分重視對精氣神的修煉。所以長期堅持練習氣功，不僅能防病健身，還能使人體內精足、氣滿、神旺。

　　那麼什麼是精、氣、神呢？中醫理論認為，精、氣、神是生命現象產生及其變化的根本。

一、精

精是構成人體的基本物質，也是人體各種機能活動的物質基礎。對精的認識可以分為兩類，一是先天之精，二是臟腑功能轉化而成的精為後天之精。

中醫理論認為，先天之精來源於父母，藏於腎，所以腎有「先天之本，生命之根」之論。後天之精來源於脾胃，是依靠飲食水穀所生化而成。即飲食經人體消化吸收後變成精微的營養物質，將這後天之精輸送於各個臟腑，成為各個臟腑活動的物質基礎。先天之精也需要後天之精不斷地補充營養，使之成為人體生命活動的物質基礎。

練習氣功意守下丹田功法，主要是煉精。這裏所說的精，有三種含意：一是指精液；二是指氣功修煉的氣血之精華；三是指婦女的經血。

人們氣血虧損的原因，男人主要是由於性生活過度或者有遺精現象，身體各部器官機能受到損害而成病。婦女則多數是由於經血不調，使氣血虧損而成疾。再則由於年老氣衰所致。

古人稱：「丹田為生門，命門為死戶」「三寸氣在千般用，三寸氣斷萬事休」。三寸氣即指命門，可見命門之重要。意守下丹田、意守命門對強壯腎氣幫助極大，命門氣足即可生精。

一般練習氣功者都會體驗到練習氣功能多生精液，性慾亢進，本氣功加上守命門（婦女守關元氣海）與守會陰兩種練功法，就能更加多生精液，提煉氣血精華和調整經

血，以補充其虧損，並透過煉精化氣等輔助方法，使精液上升煉化為氣血，還原受益於身則益處更大。

因為命門、會陰這兩個竅位，與精液經血分泌輸送器官相關聯，練這兩個守竅，可加強相關器官運動，調整其機能，結合意守丹田法所起的各種作用，即可增強精液分泌和調整經血之能力。精血充沛之後，五臟六腑以及百脈皆可通暢，身體便會恢復健康。

練習有了功夫可使元氣充足，氣足生精，精足而有陽舉的現象。再煉精化氣、煉氣化神、煉神還虛，身體自會健康而延年益壽。

三丹田是根據道家內丹術中精、氣、神誰為主道而劃分的。丹田是指培養精、氣、神的地方，是精、氣、神凝聚伏結之處，道家把培育調煉精、氣、神相關的重要竅位稱之為「丹田」。

練習氣功時意守下丹田主煉精，有生精、養精、煉精化氣之功效。對於精氣虧損，氣血虧虛之類病症具有很好的療效，使生理上有顯著的變化，還可以起到將任、督兩脈接通的作用，使內氣在周身運行循環於大小周天。

二、氣

氣是一種極精微的物質，是構成世界萬物的本源，是宇宙萬物生化的根本。生物的化生、生長、繁殖、死亡都是由於氣在起著決定性的作用。中國古代著名學者王充說「天地合氣，萬物自在」，說的就是氣生萬物的道理，「人在氣中，氣在人中，有氣才有人」。

人體是由多種物質組成，可見的有皮膚、骨、血、毛髮等，還有一種看不見的重要物質，這就是氣。它通達於全身，布散食物的精微，溫煦皮膚，充實形體，潤澤毛髮，它是構成人體生命本原的精微物質。這種物質越多，人的生命力就越旺盛，這種物質的不斷消耗，會使人逐步走向衰亡。

　　練習氣功是在不斷地補充和加強這種物質來抵抗衰老，以期延年益壽。氣還是一種生命源動力。人體每時每刻都在進行工作，不斷地進行著新陳代謝、消耗與積累，猶如一架不停運轉的機器，「機器」的運轉是需要能源與動力的，而氣就是維持生命運動的能源與動力的總稱。

（一）人體中的氣主要成分有三

　　（1）先天氣亦稱元氣。所謂先天氣，是人從胎胞出生時由母體帶入體內之氣，也就是氣血之氣。因為胎兒在母腹內通過臍帶把母體內的營養輸送進來才能發育成長，先天之氣也就包含其中。待嬰兒降生後，剪斷臍帶，先天氣歸於臍內，分佈全身集中在中丹田，故稱臍為命之蒂，生命的根源。練氣功就是要練由中丹田歸入體內的先天之氣。

　　（2）後天的水穀飲食通過從脾胃消化吸收轉化的精微之氣又稱穀氣。

　　（3）由口、鼻、肺採納吸入的空氣又稱清氣。這三種氣混合在一起共同發揮充養全身的作用。

　　由於氣的來源和生成成分不同，所以反映在人體內的

功能作用不同，氣分佈的部位也各不相同，所以氣也有各種不同的名稱。中醫理論認為，氣在陽即為陽氣，氣在陰即為陰氣，氣在胃為胃氣，氣在脾為脾氣，氣在裏為營氣，氣在表為衛氣，氣在中焦為中氣，氣在上焦為宗氣，氣在下焦為元氣等等。

（二）內氣運行分四層

1. 氣行體表

初級練習氣功時，氣行體表有酸、麻、脹、癢、涼、熱、刺、痛的感覺，氣功術語稱其為八觸。

2. 循經走脈

練習氣功達到循經走脈時，能夠疏通經絡，促進經脈內氣運行，經絡交會反覆循環聯絡臟腑肢節，貫通上下內外，無處不至，運行周身。

3. 氣貫中腔

修煉氣功達至後天轉入先天功後，中氣運行時已不受經絡穴位的約束，內氣運行如同流水貫入洞穴一樣，身軀、胳膊、腿亦是如此。

4. 氣至混元

修煉氣功到混元氣階段時，要上封天門，下閉地戶。在外氣不入、內氣不出的情況下，以意念和動作導引，它如同水在瓶子裏運動時那樣。

氣是人體生命活動的一種「動力」。練習氣功意守中丹田的過程也就是調動人體內部各種氣的積極性的過程，運用可以隨時得到調節、補充的後天之氣去滋養、扶植先

天之氣，使之氣血調和陰陽互濟

。氣功修煉的過程是自我主動調整的過程，它對身體起著「自我修復、自我調整和自我控制」的作用。因此它能起到祛病強身、延緩衰老、延年益壽等作用。

所以，古代修煉家稱中丹田為「中央無極土，萬物由此生」。把中丹田形象地比喻為是一塊能種植、開花、結果的田地。

三、神

神主宰一身，心神之神是指大腦功能，包括人的精神、意念、思維、意識與心理狀態，是神內在表現的特徵；神的外在表現特徵，如表情、目光、面色、氣質、意識、體態等。

當人體內精、氣、血充盈，五臟六腑調合時，精力就旺盛，精神就飽滿，故精能化氣，氣能化神，神能生氣，氣能生精，精神變物質，物質變精神，互相轉化、互促互長。

煉精化氣，煉氣化神，攝神煉氣，氣液生精，互相依賴，互相轉化，互相充實。精為基礎，氣為動力，神為主宰。

因為精、氣是神的物質基礎，所以當身體內精氣血充盈時，生命活動強盛，神氣也就自然旺盛。當人精神狀態飽滿時，人的面部表情、面色呈現紅潤光澤，神采奕奕，思維反應敏捷，行動靈活等。

反之，精氣不足、血脈空虛、臟腑功能低下不調時，

人的面部及表情則表現出面色灰暗無光澤、目無神光、精神委靡不振、無精打采、思維反應遲鈍、行動遲緩等。

《內經》云：氣為精之行，精為神之宅，神為氣與精之用，各出於五臟，而五臟之中各有所主。氣之主主於命門，精之主主於腎，神之主主於心。精固則氣盈，氣盛則神旺，神旺則形全，形全則長生。由此可見精、氣、神互助互立、互依互存，精足則氣足，氣足則神不衰，神以氣立，氣以神存，精氣神實為一體。

練習氣功最重要的是大腦的意念控制先導作用。所以練功時重點強調用三性歸一的方法來練功，三性歸一，即意想、內視、內聽，就是強調神在練功中起著主導控制作用。

練習氣功時意守上丹田，有養神、煉神、煉神還虛、虛至神靈之功效。

第五節　性命雙修　內外雙求

道家氣功認為，性命雙修其意義有二：

（1）性功修煉的是神、魂、魄、意、志、定。

（2）命功修煉的是氣、血、精、筋、骨、皮。

由此可以看出，性功修煉的是無形物質，而命功修煉的是有形物質，透過性命雙修、內外雙求的方法進行修煉，達到有形物質與無形物質在人體內有機地結合。透過調心、調息、調身，三者密切配合，以內煉精、氣、神為主要目的，以意守放鬆入靜為核心。

　　道家氣功把精、氣、神稱之為人身「三寶」，認為它是構成人體生命活動的主要物質。精、氣、神三者之間能夠相互依存、相互轉化、相互依賴，性命雙修是煉精化氣、煉氣化神、煉神還虛的過程，同時也是「精神變物質，物質變精神」的轉化過程（圖11）。

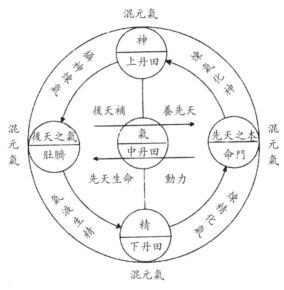

圖11　精、氣、神轉化圖解

　　兩者在具備一定的條件下互相轉化，其轉化的形式就是能量轉換。這就是練習氣功能改變形體、祛病健身、增功、增智、開發人體潛能的功能所在。

　　人體的各種潛能主要存在於無形物質中，當然，此種無形物質在人體中並非平均分佈，有些部位表現的比較集中，有些部位則表現的比較彌散，其集中之處就形成了能量中心「丹田」。要開發人體的各種「功能」「潛能」，

主要從這些能量中心「丹田」及「竅位」著手，練功便可收到事半功倍之效。

中國有句名言：「生命在於運動。」而練習氣功是最好的運動方法。從以上可以看出，練習氣功與體育運動的根本區別在於，體育運動著重鍛鍊有形結構，而氣功在鍛鍊有形結構的同時又著重鍛鍊無形物質，並透過無形物質的變化而改進有形結構。兩者的鍛鍊方式完全不同，所以練習氣功具有一般體育鍛鍊所達不到的功效。道家氣功所求的「性命雙修」「內外雙求」就是這個道理。

第六節　論入靜

入靜是練好氣功的關鍵。不同層次的練習方法，可達到不同程度的入靜功效，入靜有鬆靜、平靜、心靜、定靜、虛靜、真靜、明靜、靈靜8個層次。

鬆靜：

是練習氣功時入靜的初始階段，首先要將注意力放在調整身體各個部位及動作的放鬆上，因身體的放鬆可導致思想意念上的放鬆入靜，精神意念上的放鬆又可導引身體上的放鬆，兩者之間互相影響、互相促進。

平靜：

在身體、精神、意念、鬆靜的前提下，安下心來、平下心來清除一天生活中、工作中繁瑣之事及日常生活經歷之事，以達到思想情緒淡化，排除雜念，心平氣和地進入

練功入靜狀態。

心靜：

用三性歸一的方法來達到練功入靜的目的，即意不外馳而內守，眼不外看而內視，耳不外聞而內聽地意守練功部位，這樣就能潛意識裏放棄眼、耳、鼻、舌、身對外界的感知作用。

這種以「鎖心猿、拴意馬」心神專一修煉入靜的方法，氣功術語稱之為「封閉四門」，以引導練功入靜，用以排除外部環境及自身內部環境對練功入靜時的影響干擾。

定靜：

練功時要清心寡慾，以此來消除內心世界裏的七情六慾對練功影響干擾。進行自我修補，戰勝自我，不為世上七情六慾所動心，心定神安地來練功。

虛靜：

練功修煉至此階段時，入靜已發生了質的變化。修煉時可感到意、氣、神相依，意守時似守非守，似有似無，體內某些感受器官和潛在功能調節系統被啟動。

眞靜：

萬物俱虛，物我兩忘，天地人渾然一體。人體內潛在功能得以調動激發，意識活動基本上消失，達到得意志象（形）。此為功無功，意無意，無功無意是真意的表現。達此階段時獲得了真正生理意義上的人身自由，即古人所講超脫塵世而得道。

明靜：

練功進入無意無入靜階段時，人體內潛在的特異功能

得以開發，隨先天功及「開天目」覺明現象的深入，修煉時呈現出一些「內景觀」行為，此時修煉身心狀態步入了一個嶄新的境界。

靈靜：

是入靜的高深層次，人體潛在的特異功能得以調動激發。修煉時呈現出一些「內觀景」和「外景觀」行為。雖此階段是入靜的高深階段，但藝無止境法自修，隨入靜活動的精進，還會繼續向更深層次發展。

第七節　用心理影響作用於生理

練習氣功時意守竅位，具有第二信號系統調節人體機能活動的作用。我們透過脈象儀測試，觀察到當練功者意守勞宮時，相應部位上肢血流量呈顯著地增加，而非意守部位的下肢血流量卻有下降。當意守頭部時則血壓上升，意守足部時則血壓下降。意守丹田取其中，呼吸頻率顯著減慢，激素也相應增加，下丹田區域血流量明顯上升，意守部位周圍皮膚穴位溫度也明顯上升。

以上這些變化是氣功功能狀態下具有特徵性的生理反應變化。因此證明了練習氣功時由於意守部位不同，則練功功效也不相同。

當練功時可感覺到意守部位，例如手、足、丹田、命門、會陰等竅位有發熱、跳動、發脹、氣行等感覺，這便是氣功中所講的「氣感」，是練功者進入氣功態後，按照

以意領氣的原則，意到氣到，氣到血到，使相應的意守部位血氧增加的反應。這也是氣功之所以能夠自我調節、祛病強身的生理學基礎。

我們觀察到當人體進入放鬆意守入靜狀態時，對外周循環和微循環產生一定的影響。練功時外周血管由收縮轉為擴張，表現在微循環多種指標的改善，毛細血管血流量也比平時增加14～16倍。

由於外周血管的擴張和毛細血管血流量的增加，攜帶血氧等營養物質、激素也相應增加，可出現耗氧量、腦電、肌電、血壓、心率、呼吸、頻率和交感神經活動降低等變化。這也是許多老年人能夠老年斑變淺或消失，能夠鶴髮童顏、五臟健壯的原因。

練習氣功時透過放鬆、意守、入靜，使中樞神經系統進一步得到調整、修復、平衡。同時也促進了循環系統功能，提高了機體免疫機能，影響生化代謝內分泌功能等，從而使機體自我調節系統趨向程序化更高的狀態。這便是氣功用心理影響作用於生理功能的精神變物質，物質變精神的體現。這對保健康復、防病治病、延年益壽、增功增智、開發人體潛能都有著極其重要的意義。

第八節　怎樣劃分先天氣與後天氣

先天：

如同嬰兒在母體內靠母體透過臍帶輸送營養供其成

長，不用自己的口、鼻、肺進行呼吸，稱之為先天氣、先天呼吸。

後天：

當嬰兒降生後，以飲食供給營養賴以生存，用自己的口、鼻、肺來進行呼吸，稱之為後天氣、後天呼吸。

練功到什麼階段才能將後天呼吸轉化到先天呼吸？練習氣功時達到以丹田（胎息法）進行呼吸以後，是後天呼吸轉化到了先天呼吸階段的轉折點和標誌。

練習氣功到什麼階段才能達到後天轉變為先天？

為了說明問題，還要從嬰兒說起。當嬰兒出生落地，剪斷臍帶，先天氣歸於臍內分佈全身，嬰兒在成長過程中，有一部分還靠先天氣供給營養物質，隨著嬰兒一天天長大，眼、耳、鼻、舌、心、身對外界感應、認識、理解的過程和七情六慾的產生，每天都在損耗著先天氣，先天氣在一天天的減少，為了保存賴以生存的先天氣，嬰兒在3歲左右就「囟門封閉」了，就是這個道理，民間稱之為「封天靈蓋」。

練習氣功到了中氣功的較深階段，便可感到囟門重新開啟，頭頂部囟門處如同嬰兒的「天靈蓋」一樣在動，隨練功時的呼吸、氣的升降而開合，此時可感悟到內氣向上時囟門開啟，內氣如同流水一樣，從囟門處向下澆灌五臟、貫注丹田後囟門封閉，如此反覆循環。

練習氣功到了中氣功的囟門開啟階段，是後天轉化為先天的重要轉折點和標誌。

第九節　什麼是七情六慾

　　無論採取什麼形式，練習哪種功法，都必須排除七情六慾的干擾。喜、怒、憂、思、悲、恐、驚之七情六慾與氣機的變化有著密切的關係。

一、七　情

　　喜則氣緩。喜之過甚則氣過緩，可致氣短不續。

　　怒則氣止。始傷肝，肝藏血，氣為血之帥，肝氣上逆，率血向上妄行，會導致嘔血。如肝氣橫逆則剋脾土，脾失健運，消化不良而致瀉。

　　憂思氣結。憂傷脾，思傷胃。思則精神集中，思久則氣機不暢，致氣留結於中而不行，能使脾胃消化功能呆滯。

　　悲則氣消。悲傷過度則呼吸失常，氣塞不通，塞而化熱，熱又耗氣，從而導致氣受消耗損傷。

　　恐則氣下。恐傷腎，可致二便失禁。

　　驚則氣亂。驚傷心，心藏神，驚則神亂，而致心氣無所依，神無所歸。

二、六　慾

　　眼、耳、鼻、舌、身、意；（外）

　　色、聲、香、味、觸、法。（內）

眼視色、耳聽聲、鼻嗅香、舌辨味、身覺觸、意看法。

　　上述七情六慾可導致人體氣機方面的病變，練功階段尤須注意，以防受其侵害。練功時要求做到：心情舒暢，排除雜念，心神專一，呼吸自然，收視返聽，含光默默，三性歸一，意守丹田。

　　採取這樣的形式練功是一劑有效的良藥，它能調節、疏緩身心方面的緊張狀態，使大腦皮質在運動時得到充分休息，提高大腦皮質的機能，使肌體反應敏捷，動作靈活，從而減低神經系統的緊張性，防止因精神緊張因素誘發的諸多心理疾病。

　　由此可見，氣功不僅能促使身體健康，又能促進心理健康，身心俱健才算是真正的健康。

第十節　論經絡

　　經絡是經脈和絡脈的總稱。經脈貫通身體上下和表裏，是經絡系統中的主幹；絡脈是經脈別出的分支，較經脈細小，縱橫交錯，遍佈全身。

　　中醫學認為，經絡內屬於臟腑，外絡於肢節，是貫通臟腑與體表的通道。它一方面輸送氣血，調節體內組織功能活動，另一方面把人體上下內外、五臟六腑等器官、組織有機地聯繫起來，使之成為一個統一的整體。

　　經絡學說是研究人體經絡系統循行分佈、生理功能、

病理變化及其與臟腑相互關係的理論知識，它是針灸、推拿、氣功的理論基礎。

一、經絡系統的組成

經絡系統由十二經脈、奇經八脈、十五絡脈和十二經別、十二經筋、十二皮部，以及許多系絡、浮絡、血絡組成。其中以十二經脈、奇經八脈為主體（表1）。

表1　經絡系統表

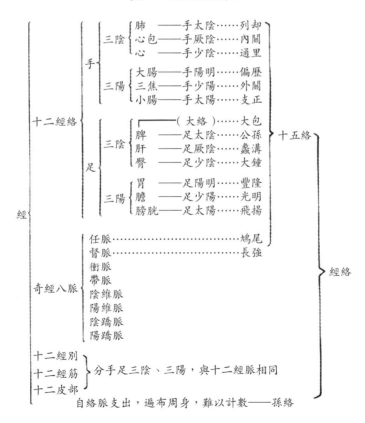

二、經脈的循行

（一）十二經脈的循行分佈與交接

　　十二經脈左右對稱地分佈於頭面、軀幹和四肢，縱貫全身。六陰經分佈於四肢的內側和胸腹，其中上肢內側為手三陰經，下肢內側為足三陰經；六條陽經分佈於四肢的外側和頭面、軀幹，其中上肢外側為手三陽經，下肢外側為足三陽經。手、足三陽經在四肢的排列是陽明在前、少陽居中、太陽在後；手三陰經在上肢的排列是太陰在前、厥陰居中、少陰在後；足三陰經在小腿下半部及足背，其排列是厥陰在前、太陰居中、少陰在後，至內踝上8寸處足厥陰經同足太陰經交叉，變為太陰在前、厥陰居中、少陰在後。

　　十二經脈的走向是：手三陰經從胸走手，手三陽經從手走頭，足三陽經從頭走足，足三陰經從足走胸腹。

　　十二經脈的銜接見表2。

表2　十二經脈臟腑表裏銜接

陰		臟（裏）		腑（裏）		陽
		胸中銜接	四肢銜接	頭面銜接		
太陰	手足	肺	手次指內端(商陽)	大腸	鼻孔旁(迎香)	手足 陽明
		脾	足大趾內端(隱白)	胃		
少陰	手足	心	手小指端(少衝、少澤)	小腸	內眼角(睛明)	手足 太陽
		腎	足小趾端(至陽)	膀胱		
厥陰	手足	心包	手無名指端(關衝)	三焦	外眼角(瞳子髎)	手足 少陽
		肝	足大趾外端(大郭)	膽		

十二經脈由手足陰陽表裏經的連接而逐經相傳，構成一個週而復始、如環無端的傳輸系統。

　　下面將分別介紹每一經脈的循行路線。

1. 手太陰肺經內氣循行路線

　　起於中焦（中脘），向下聯絡大腸然後回繞過來沿著胃上口，通過橫膈屬於肺臟。其後由肺系（肺與喉嚨聯繫的部位）橫行出來（中府），向下沿著上壁內側，行於手少陰經和手厥陰經的前面，下行到肘窩中，沿著臂內側橈側前緣出拇指內側端（少商）；其支脈從列缺處分出，一直走向食指內側端（商陽），與手陽明大腸經相接。

2. 手陽明大腸經內氣循行路線

　　起於食指末端（商陽），沿食指橈側上行，通過第一、二掌骨之間，向上入兩筋之間凹陷處，然後沿前壁前方至肘部外側，再沿上臂外側前緣上走肩端，經過肩峰前緣，向上出於大椎穴（手足三陽經聚會處），再由此下行入缺盆聯絡肺臟，通過橫膈，屬於大腸；其缺盆部支脈上走頸部，經面頰入下齒齦，回繞至上唇，交叉於人中，分佈在鼻旁兩側，與足陽明胃經相接。

3. 足陽明胃經內氣循行路線

　　起於鼻翼兩側（迎香），上行至鼻根旁側與足太陽經交會，向下沿鼻外側入上齒齦，回出環繞口唇，向下交會於頜唇溝承漿（任脈），再向後沿口腮後下方，出於下頜

（大迎），沿下頜角上行耳前經上關（足少陽經）沿髮際
到達前額（頭維）；其面部支脈由大迎向下沿喉嚨入缺
盆，再向下穿過橫膈屬胃絡脾臟；其缺盆部直行之脈經乳
頭向下挾肋旁近入少腹兩側氣衝；其胃下口部支脈沿腹里
向下至氣衝會合，再由此下行至髀關，抵伏兔穴，由膝蓋
沿脛骨外側前緣下經足跗，到達第二足趾外側端（屬
兌）；其經部支脈從膝下（足三里）分出，入足中趾外
側；其足跗部支脈從跗上（衝陽）分出，入足大趾內側端
（隱白）與足太陰脾經相接。

4. 足太陰脾經內氣循行路線

起於足大趾末端（隱白），沿大趾內側赤白魚際，遇
大趾節後核骨上行至內踝前，再經小腿肚沿脛骨後交出足
厥陰肝經的前面，經膝、股內側前緣上行入腹，屬於脾臟，
聯絡胃，然後貫橫膈上行，挾食管兩旁上繫舌根，散舌下；
其胃部支脈上貫橫膈注於心中，與手少陰心經相接。

5. 手少陰心經內氣循行路線

起於心中，出屬於「心系」（與心相聯繫的臟器），
穿過橫膈聯絡小腸；其心系向上之脈則挾食管上行連於
「目系」（眼球聯絡於腦的部位）；「心系」直行之脈上
行於肺，然後出於腋窩（極泉），沿上臂內側後緣行於手
太陰經和手厥陰經的後面，抵達肘窩後沿前臂內側後緣至
掌後豌豆骨部，入掌內，沿小指內側至末端（少衝）與手
太陽小腸經相接。

6. 手太陽小腸經內氣循行路線

起於小指外側端（少澤），沿手背外側至腕部出於尺骨莖突，然後沿前壁後緣向上，經尺骨鷹嘴與肱骨內上髁之間，沿上臂外側後緣繼續上行，出於肩關節，繞肩胛部交會於大椎（督脈），向下入缺盆聯絡心臟，並貫橫膈到達胃脘部，屬於小腸；其缺盆部支脈沿頸部上達面頰，至目外眥，然後轉入耳中（聽宮）；其頰部支脈上行經目眶下抵鼻旁，至目內眥與足太陽膀胱經相接。

7. 足太陽膀胱經內氣循行路線

起於目內眥（睛明），上額交會於巔頂（百會，屬督脈）；其支脈由頭頂行至兩側顳顬部；其直行之脈由頭頂入裏聯絡於腦，回出後分開下行項後，沿肩胛內側下行，挾脊柱抵達腰部，然後從脊旁肌肉進入腹腔，聯絡腎臟，屬於膀胱；其腰部支脈經臀部下行進入膕窩中；其後項之脈通過肩胛內緣直下，經臀部（環跳）沿大腿內側繼續下行，與腰部下行的支脈會合於膕窩中，然後由此下行，經小腿肚內出於外踝的後面，沿第五蹠骨粗隆至小趾外側端與足少陰腎經相接。

8. 足少陰腎經內氣循行路線

起於足小趾下，斜向足心，然後出於舟骨粗隆下，沿內踝後近入足跟，再由腿肚內側上行，出膕窩內側，沿股部內後緣上行，通向脊柱，屬於腎臟，聯絡膀胱；其腎臟

直行之脈由腎向上通過肝並貫穿橫膈進入肺中，沿喉嚨上行挾於舌根部；其肺部支脈由肺部出來聯絡心臟，流注於胸中，與手厥陰心包經相接。

9. 手厥陰心包經內氣循行路線

起於胸，中出，屬心包絡，向下穿過橫膈，從胸至腹依次聯絡上、中、下三焦；其胸部支脈沿胸中出脅部，至腋下並上達腋窩，然後沿上臂內側下行，進入肘窩後在前臂兩筋之中繼續下行進入掌中，沿中指到指端。

10. 手少陽三焦經內氣循行路線

起於無名指末端（關衝），向上出於第四、五掌骨間，由腕背出於前臂外側橈骨與尺骨之間，向上通過肘尖，沿上臂外側上達肩部，交出足少陽膽經的後面，向前入缺盆，分佈於胸中，聯絡心包，向下通過橫膈由胸至腹，屬上、中、下三焦；其胸中的支脈從胸向上出缺盆部上走項部，沿耳後直上至額角，再曲而下行至面頰部到達目眶下部；其耳部支脈從耳後入耳中，出走耳前與前脈交叉於面頰部，到達目外眥與足少陽經相接。

11. 足少陽膽經內氣循行路線

起於目外眥，向上至額角部，下行至耳後，然後沿頸部行於手少陽經之前，在肩上與手少陽經相交並行於其後，向下進入缺盆部；其耳部支脈由耳後入耳中，出走耳前到目外眥後方；其外眥部支脈下走大迎，會合於手少陽

經而抵目眶下，並下行經頰車，由頸部向下會合前脈於缺盆，然後入胸中，通過橫膈聯絡肝臟，屬於膽，再沿脅內出於少腹兩側的腹股溝，經過外陰部毛際橫行入髖關節部；其缺盆部直行之脈下行腋部，沿側胸部經季肋向下會合前脈於髖關節，再沿大腿內側向下，出於膝部外側，經腓骨前方下行到腓骨下段，再下至外踝前方，沿足跗部進入足第四趾外側端。其足跗部支脈從足臨泣分出，經第一、二蹠骨之間出於大趾端，穿過趾甲，回至趾甲後毫毛處與足厥陰肝經相接。

12. 足厥陰肝經內氣循行路線

起於足大趾外側毫毛處（大敦），沿足跗部向上，經內踝前方向上，在內踝上方（三陰交）交出足太陰經的後方，上行至膝內側，繼續沿股內側上行至陰毛，繞陰器上達小腹部，挾胃旁，屬於肝臟、聯絡膽腑，向上貫橫膈分佈於脅肋，並沿喉嚨後方上行入鼻咽部，連接於「目系」（眼球聯繫於腦的部位），向上出於前額與督脈會合於巔頂；其目系的支脈下行頰里，環繞唇內；其肝部支脈從肝分出，貫穿橫膈向上流注於肺，與手太陰肺經相接。

（二）奇經八脈的循行與分佈

奇經八脈交錯地循行分佈於十二經之間。它們既不直屬臟腑，又無表果配合關係，別道奇行，故為奇經。其分佈也不像十二經那樣有規律，其中督、任、衝三經皆起於胞中，同出會陰，督脈行於腰背正中，上至頭面；任脈脈

行胸腹正中，上抵頷部；衝脈與足少陰腎經相併上行，環繞口唇；帶脈起於脅下，環腰一周，如同腰帶；陰維脈起於小腿內側，沿腿股內側上行，至咽喉與任脈會合；陽維脈起於足跗外側，沿腿膝外側上行，在項後會於督脈；陰蹻脈起於足跟內側，隨足少陰等經上行，與陽蹻脈會於目內眥；陰蹻脈起於足跟外側，伴足太陽等經上行，與陰蹻脈會合後沿足太陽經上額，與足少陽經會於項後。

奇經八脈的功能一方面貫通十二經脈之間的聯繫，另一方面調節十二經氣血的運行，故與氣功鍛鍊密切相關。氣功鍛鍊達到一定境界，氣運周天均與任督兩脈有關。其中小周天為任督脈貫通，大周天為任督與十二經脈貫通。

下面分別介紹奇經八脈的循行路線：

1. 任脈內氣循行路線

起於小腹內，下出於會陰部，向前上行至陰毛部，沿著胸腹內壁向上到達咽喉部，再向上行，環繞口唇，經面部進入目眶下。

2. 督脈內氣循行路線

起於小腹內，下出會陰部，向後行於脊柱的內部，上達項後風府，然後進入腦內，上行巔頂，沿前額下行鼻柱，至上唇內唇系帶處。

3. 衝脈內氣循行路線

起於小腹內，下出於會陰部，然後上行於脊柱之內，

其外行者經氣衝與足少陰交會，沿腹部兩側上達咽喉，環繞口唇。

4. 帶脈內氣循行路線

起於季肋部的下方，斜向下橫行繞身一周，如同腰帶。

5. 陰維脈內氣循行路線

起於小腿內側，沿大腿內側上行至腹部，與足太陰經相合，經胸與任脈會於頸部。

6. 陽維脈內氣循行路線

起於足跟外側，向上經過外踝，沿足少陽經上行至髖關節，經脅肋後側由腋後上肩，至前額，再下至項後，合於督脈。

7. 陰蹻脈內氣循行路線

起於足舟骨後方，經內踝沿大腿內側上行，經過陰部沿胸內繼續上行，進入鎖骨上窩，然後經人迎的前方上行，過顴部，抵目內眥，與足太陽經和陽蹻脈相會合。

8. 陽蹻脈內氣循行路線

起於足跟外側，經外踝上行至腓骨後緣，再沿股部外側和脅後上肩，經頸部上挾口角，進入目內眥，與陰脈會合，再沿足太陽經上額，與足少陽經合於風池。

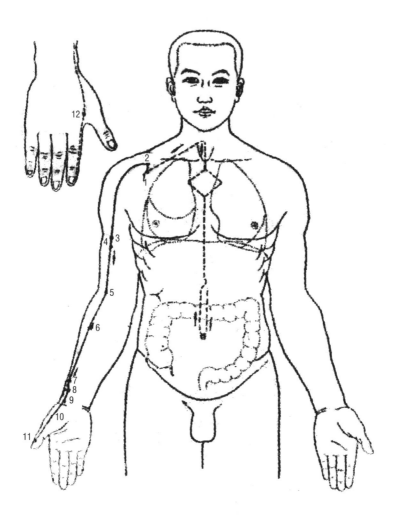

1. 中府　2. 雲門　3. 天府　4. 俠白　5. 尺澤　6. 孔最
7. 列缺　8. 經渠　9. 太淵　10. 魚際　11. 少商　12. 合谷

圖12　手太陰肺經內氣循行示意圖

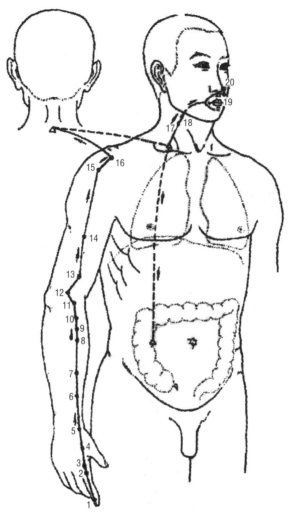

1. 商陽　　　2. 二間　　3. 三間　　4. 合谷　　　5. 陽谿　　　6. 偏歷

7. 溫溜　　　8. 下廉　　9. 上廉　　10. 手三里　11. 曲池　　12. 肘髎

13. 手五里　14. 臂臑　15. 肩髃　16. 巨骨　　17. 天鼎　　18. 扶突

19. 口禾髎　20. 迎香

圖13　手陽明太腸經內氣循行示意圖

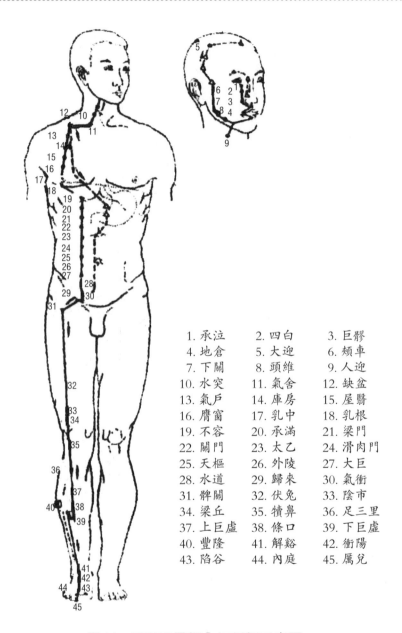

1. 承泣	2. 四白	3. 巨髎
4. 地倉	5. 大迎	6. 頰車
7. 下關	8. 頭維	9. 人迎
10. 水突	11. 氣舍	12. 缺盆
13. 氣戶	14. 庫房	15. 屋翳
16. 膺窗	17. 乳中	18. 乳根
19. 不容	20. 承滿	21. 梁門
22. 關門	23. 太乙	24. 滑肉門
25. 天樞	26. 外陵	27. 大巨
28. 水道	29. 歸來	30. 氣衝
31. 髀關	32. 伏兔	33. 陰市
34. 梁丘	35. 犢鼻	36. 足三里
37. 上巨虛	38. 條口	39. 下巨虛
40. 豐隆	41. 解谿	42. 衝陽
43. 陷谷	44. 內庭	45. 厲兌

圖14　足陽明胃經內氣循行示意圖

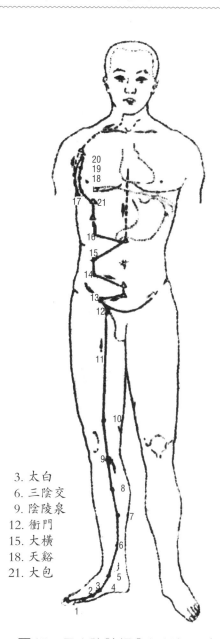

1. 隱白	2. 大都	3. 太白
4. 公孫	5. 商丘	6. 三陰交
7. 漏谷	8. 地機	9. 陰陵泉
10. 血海	11. 箕門	12. 衝門
13. 府舍	14. 腹結	15. 大橫
16. 腹哀	17. 食竇	18. 天谿
19. 胸鄉	20. 周榮	21. 大包

圖15 足太陰脾經內氣循行示意圖

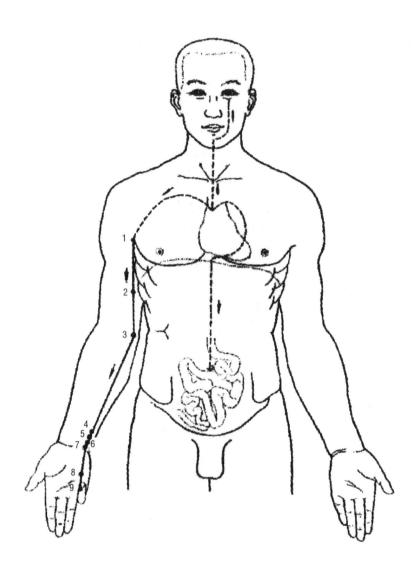

1. 極泉　　2. 青靈　　3. 少海　　4. 靈道　　5. 通里
6. 陰郄　　7. 神門　　8. 少府　　9. 少衝

圖16　手少陰心經內氣循行示意圖

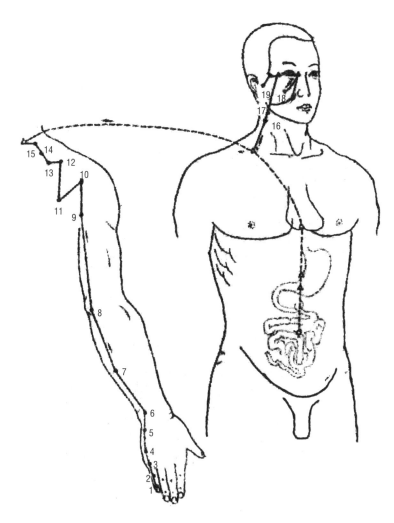

1. 少澤　　2. 前谷　　3. 後谿　　4. 腕骨　　5. 陽谷
6. 養老　　7. 支正　　8. 小海　　9. 肩貞　　10. 臑俞
11. 天宗　　12. 秉風　　13. 曲垣　　14. 肩外俞　15. 肩中俞
16. 天窗　　17. 天容　　18. 顴髎　　19. 聽宮

圖17　手太陽小腸經內氣循行示意圖

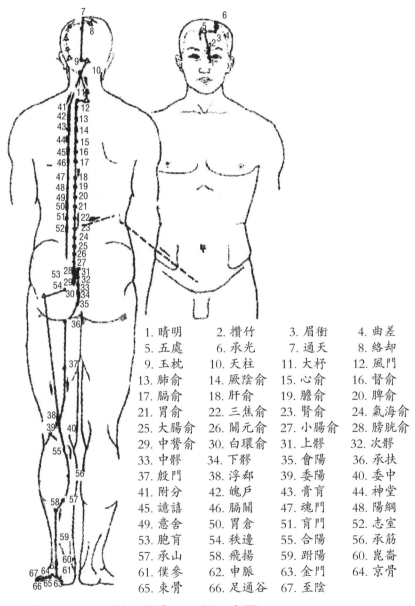

1. 睛明　　2. 攢竹　　3. 眉衝　　4. 曲差
5. 五處　　6. 承光　　7. 通天　　8. 絡却
9. 玉枕　　10. 天柱　　11. 大杼　　12. 風門
13. 肺俞　　14. 厥陰俞　15. 心俞　　16. 督俞
17. 膈俞　　18. 肝俞　　19. 膽俞　　20. 脾俞
21. 胃俞　　22. 三焦俞　23. 腎俞　　24. 氣海俞
25. 大腸俞　26. 關元俞　27. 小腸俞　28. 膀胱俞
29. 中膂俞　30. 白環俞　31. 上髎　　32. 次髎
33. 中髎　　34. 下髎　　35. 會陽　　36. 承扶
37. 殷門　　38. 浮郄　　39. 委陽　　40. 委中
41. 附分　　42. 魄戶　　43. 膏肓　　44. 神堂
45. 譩譆　　46. 膈關　　47. 魂門　　48. 陽綱
49. 意舍　　50. 胃倉　　51. 肓門　　52. 志室
53. 胞肓　　54. 秩邊　　55. 合陽　　56. 承筋
57. 承山　　58. 飛揚　　59. 跗陽　　60. 崑崙
61. 僕參　　62. 申脈　　63. 金門　　64. 京骨
65. 束骨　　66. 足通谷　67. 至陰

圖18　足太陽膀胱經內氣循行示意圖

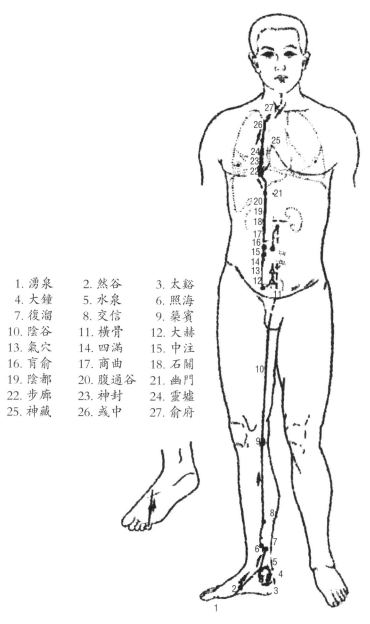

1. 湧泉　　　2. 然谷　　　3. 太谿
4. 大鐘　　　5. 水泉　　　6. 照海
7. 復溜　　　8. 交信　　　9. 築賓
10. 陰谷　　11. 橫骨　　12. 大赫
13. 氣穴　　14. 四滿　　15. 中注
16. 肓俞　　17. 商曲　　18. 石關
19. 陰都　　20. 腹通谷　21. 幽門
22. 步廊　　23. 神封　　24. 靈墟
25. 神藏　　26. 彧中　　27. 俞府

圖19　足少陰腎經內氣循行示意圖

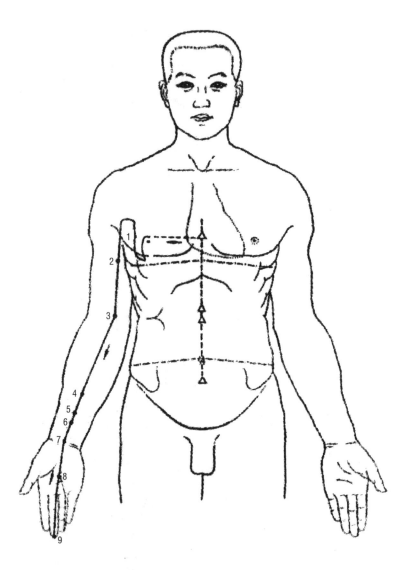

1.天池　　2.天泉　　3.曲澤　　4.郄門　　5.間使

6.內關　　7.大陵　　8.勞宮　　9.中衝

圖20　手厥陰心包經內氣循行示意圖

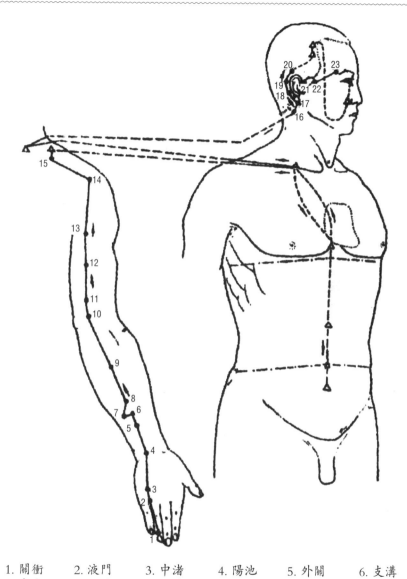

1. 關衝	2. 液門	3. 中渚	4. 陽池	5. 外關	6. 支溝
7. 會宗	8. 三陽絡	9. 四瀆	10. 天井	11. 清冷淵	12. 消濼
13. 臑會	14. 肩髎	15. 天髎	16. 天牖	17. 翳風	18. 瘈脈
19. 顱息	20. 角孫	21. 耳門	22. 耳和髎	23. 絲竹空	

圖21　手少陽三焦經內氣循行示意圖

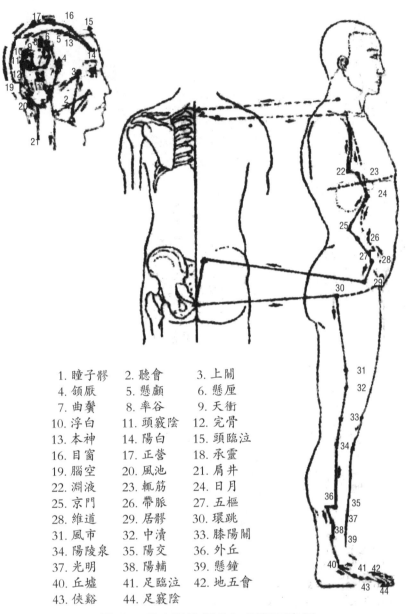

1. 瞳子髎　　2. 聽會　　　3. 上關
4. 頷厭　　　5. 懸顱　　　6. 懸厘
7. 曲鬢　　　8. 率谷　　　9. 天衝
10. 浮白　　11. 頭竅陰　12. 完骨
13. 本神　　14. 陽白　　15. 頭臨泣
16. 目窗　　17. 正營　　18. 承靈
19. 腦空　　20. 風池　　21. 肩井
22. 淵液　　23. 輒筋　　24. 日月
25. 京門　　26. 帶脈　　27. 五樞
28. 維道　　29. 居髎　　30. 環跳
31. 風市　　32. 中瀆　　33. 膝陽關
34. 陽陵泉　35. 陽交　　36. 外丘
37. 光明　　38. 陽輔　　39. 懸鐘
40. 丘墟　　41. 足臨泣　42. 地五會
43. 俠谿　　44. 足竅陰

圖22　足少陽膽經內氣循行示意圖

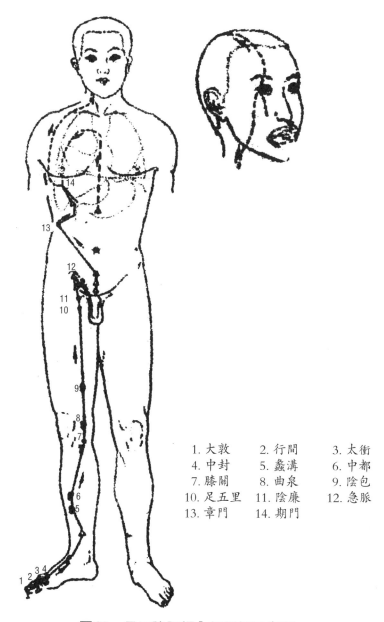

1. 大敦　　　2. 行間　　　3. 太衝
4. 中封　　　5. 蠡溝　　　6. 中都
7. 膝關　　　8. 曲泉　　　9. 陰包
10. 足五里　11. 陰廉　　12. 急脈
13. 章門　　14. 期門

圖23　足厥陰肝經內氣循行示意圖

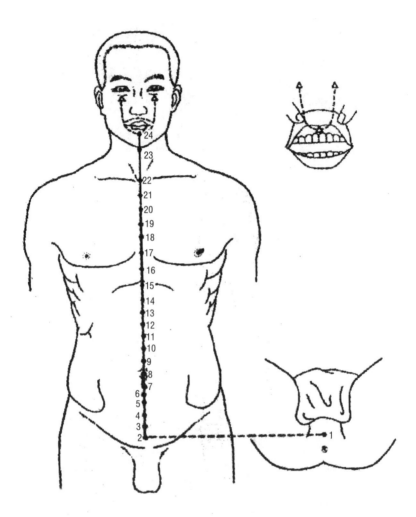

1. 會陰	2. 曲骨	3. 中極	4. 關元	5. 石門
6. 氣海	7. 陰交	8. 神闕	9. 水分	10. 下脘
11. 建里	12. 中脘	13. 上脘	14. 巨闕	15. 鳩尾
16. 中庭	17. 膻中	18. 玉堂	19. 紫宮	20. 華蓋
21. 璇璣	22. 天突	23. 廉泉	24. 承漿	

圖24　任脈內氣循行示意圖

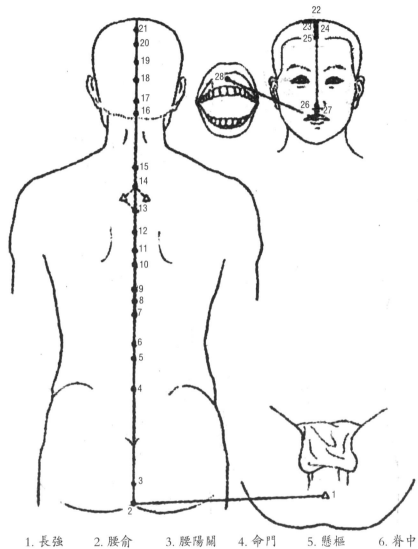

圖25　督脈內氣循行示意圖

1. 長強　　2. 腰俞　　3. 腰陽關　　4. 命門　　5. 懸樞　　6. 脊中
7. 中樞　　8. 筋縮　　9. 至陽　　10. 靈台　　11. 神道　　12. 身柱
13. 陶道　　14. 大椎　　15. 啞門　　16. 風府　　17. 腦戶　　18. 強間
19. 後頂　　20. 百會　　21. 前頂　　22. 囟會　　23. 上星　　24. 神庭
25. 素髎　　26. 水溝　　27. 兌端　　28. 齦交

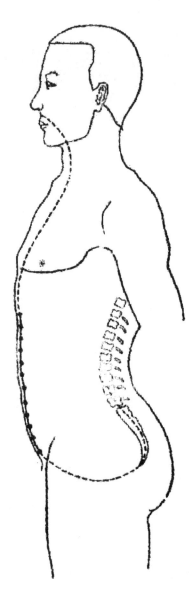

圖26　衝脈內氣循行示意圖

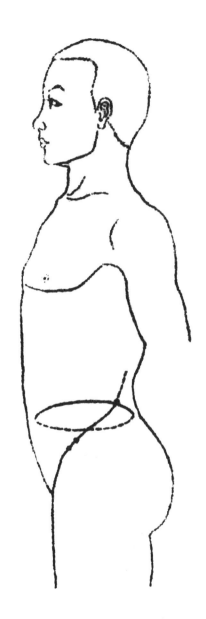

圖27　帶脈內氣循行示意圖

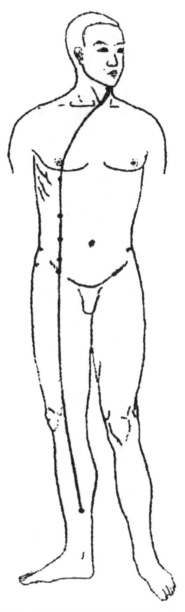

圖28　陰維脈內氣循行示意圖

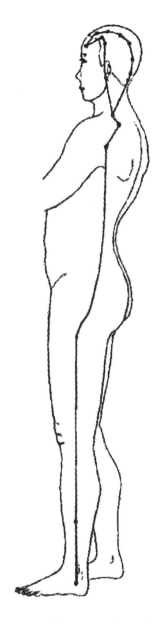

圖29　陽維脈內氣循行示意圖

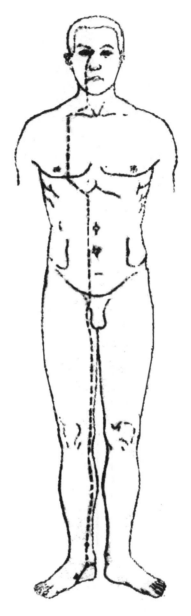

圖30　陰蹻脈內氣循行示意圖

圖31　陽蹻脈內氣循行示意圖

第十一節　手與內臟

太極棒尺內功又是手部按摩術，練功時由於技術方法不同、力度角度不同，所以產生的練功效果各不相同，它可直接起到刺激穴位、疏通經絡、活血化滯、促進調整與手部經絡相關的臟腑的作用。

（1）大拇指：具有調整肺功能和有助於促進調整呼吸系統新陳代謝的作用。

（2）食指：具有調整大腸、胃、胰臟和肝功能的作用。

（3）中指：具有調整心臟循環系統功能的作用。

（4）無名指：具有調整三焦經及神經系統視頻中樞功能的作用。

（5）小拇指：具有調整小腸消化系統、心臟功能及生殖器官功能的作用。

①魚際
②內合谷
③勞宮
④四縫
⑤十宣
⑥少府

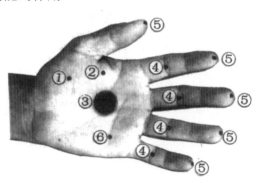

圖32　手部穴位

表3　五行、五臟、五色的對應關係

五行	金	木	水	火	土
五臟	肺	肝	腎	心	脾
顏色	白	綠	黑	紅	黃

第十二節　開天目功

　　練氣功至「覺明」階段，每當練靜功意守上丹田時，可感覺天目已開，在祖竅處有一團「亮光」猶如一輪明月繫於眼前。引其神光入腦，便覺「密室生輝」；引其光下照中丹田，中丹田猶如透明水晶球體狀，當內氣湧動之時晶瑩透澈似水，光輝四射，溢香飄飄；引其光下照下丹田，猶如海底廣闊幽深，當精氣湧動之時，觀底兜照隱隱泛白。

　　引其光普照周身覺全身通明，觀其五臟五色顯現，循臟察其經穴，經絡猶如江、河、小溪，交織網絡，穴位如村鎮星羅棋佈，佈滿周身，行氣之時猶如涓涓流水循環無端。

　　修煉氣功至「覺明」階段時，尤為注意的是必須節制性生活，此時如一有性生活或遺精的現象，如釜底抽薪，「覺明」現象便會消失，直至再修煉至此階段時才能再度復現「覺明」現象。

　　藝無止境。隨著修煉的深入，將由「覺明」階段向「神明」階段邁進，此階段氣功術語稱之為「觀外景」。

第十三節　太極棒尺內功的健身功效

太極棒尺內功是中國特有的運動方式，它可在同一時間內綜合地完成神經、呼吸、血液、經絡、消化、內分泌、肌肉、骨骼等方面的鍛鍊，用以調節人體的平衡系統。

可以說，練習太極棒尺內功可使人們用最寶貴的時間，達到最佳運動鍛鍊的效果。經常堅持練習太極棒尺內功，能達到以下健身效果。

一、調節神經系統

太極棒尺內功是在大腦支配下的意氣運動，以心理活動影響生理活動。意到氣到，氣到動作到，氣達於梢的練功要領，再配合手、足部位的練功動作，直接起到了對神經系統的調節作用。

從人體的神經系統分佈狀態來看，手和足屬於頸胸分佈末梢區，較為敏感。因此，由交感神經、副交感神經的傳導，對內臟能起到反射調節作用。再由意守丹田練功要領的導引，腹式呼吸的配合和動作的相助，達到氣沉丹田的練功效果。這樣使支配內臟的中樞神經系統產生興奮，直接起到了刺激影響內臟器官的作用。

從現代解剖、生理學觀點分析，丹田和一些重要的練功部位，恰好是重要神經中樞和內分泌腺體所在地，如大腦、胸腺、腹腔神經叢、腎上腺、性腺、脊髓等等，這些

都是人體重要的部位。

太極棒尺內功的獨特和捷徑之處，就在於直接刺激影響神經系統時，可產生強烈的傳導感，這種傳導感可使興奮神經趨向穩定狀態，使抑制神經被啟動，從而使人體的神經系統進一步地得到調整、修復和平衡。同時還可促進生化、代謝、內分泌等功能，提高人體的免疫機能，從而使人體自動化調節系統趨向有序化程度更高的狀態。

經常堅持練習太極棒尺內功，對防止由於神經系統病變所產生的疾病，例如神經衰弱、神經痛、神經麻痹、神經萎縮、胳膊和腿麻木等等，尤為有效。

二、增強呼吸系統

太極棒尺內功採用腹式呼吸，要求呼吸與動作自然配合。動作相開時為吸氣，使膈肌上升，腹壓減弱，重心上移，胸壓增強，加大了肺活量。

動作相合時為呼氣，便膈肌下降，腹壓增強，重心下降，胸內壓減弱，隨著呼吸和動作的變化，達到「胸寬腹實」的狀態，能改進胸廓活動度。有調整肺功能和胸膈的狀態，增加肺活量，使呼吸肌發達，恢復肺的彈性，開發肺功能潛力的作用。

因此，經常堅持練習太極棒尺內功，習練者呼吸頻率會減少，肺活量比一般人大。對防止由於呼吸系統病變所產生的疾病，例如咳嗽、氣虛、氣管炎、胸痛、肺炎、肺氣腫等等，均有良好的功效。

三、疏通循環系統

　　練習太極棒尺內功螺旋纏繞式的動作，能使全身各部位的肌肉群總是絞來絞去，一鬆一緊，一剛一柔，一收一放，一開一合，交替變化運動。這種獨特的練功方式，能促使肌肉間的靜脈血液加速回流到心臟，心臟供血充足了，由動脈向全身排出的血液就會增加。另外，練功時在意念的導引、呼吸的配合、動作的相助下，能促進心搏能力，使心肌得到鍛鍊。從而加大加速血流量，提高血管容積，增強血管的韌性和彈性。還有利於疏通血液循環系統，清除血液中和沉積在動脈和靜脈血管壁上的有害物質，使膽固醇含量下降，血脂降低。

　　經脈象儀測試表明，練習太極棒尺內功還具有改善微循環的作用，使外周血管擴張，毛細血管血流量比平時增加了15～16倍。由於外周血管的擴張和毛細血管血流量的增加，習練者體感到手足、丹田、命門等意守部位有發熱、發脹、氣行、氣動等現象，這就是練功時的所謂氣感。毛細血管隨血流量的增加，攜帶氧、激素等營養物質的能力也相應地增長，同時清除了附在外周血管和毛細血管壁上沉積的有害物質。這是許多老年人透過練功能夠童顏鶴髮，老年斑變淺或消失的原因。

　　因此，經常堅持練習太極纏絲功，能引起細胞產生溫熱反應，活化細胞，使血管擴張，血管容積增大，血管通透性明顯得到改善，促進血液循環，使血管、外周血管、毛細血管中血流速度增快，末梢血流量增加，紅細胞和血

紅蛋白有所增長，軟化動靜脈血管，增強血管壁彈性，清除血液中的有害物質，還可降低膽固醇、血脂，改善心肌供氧，增強心臟功能。

對防治由於循環系統病變所產生的疾病，例如高血壓、低血壓、貧血、動脈硬化，以及由於心臟供血不足引發的各種病症，均有良好的功效。

四、暢通經絡系統

中醫學理論認為，人體的健康與經氣暢通有著密切的關係，故中醫理論總是氣血並提。經常練習太極棒尺內功，一般都會產生手腳發熱、發脹、氣動、氣行、指尖如針刺的感覺。在背、胸、頭、胳膊、腿等部位都有氣動、氣行的現象。中醫認為這是體內行氣的現象，是經絡暢通的反應。

練習太極棒尺內功在意到氣到，氣到動作到，氣達於梢的練功要領指導下，要求動作螺旋纏繞地形成圓形運動。使肌肉、韌帶、關節在均勻連貫地反覆旋轉活動中得到無微不至的運動，調整呼吸，調節神經，暢通氣血，流轉貫注於四梢，達到固本榮枝的目的。

中醫經絡學說一直很重視人體的四肢末梢，認為手腳的末梢是十二經絡的終點和起點的連接處。所以，經常堅持練習肩、肘、手、胯、膝、足等部位的太極棒尺內功動作，有助於十二經絡的暢通和內氣的循環運行。

功夫較深者練習太極棒尺內功時，則能進一步地體感到，胳膊和腿內猶如有水銀流動一樣，沉穩而敏捷。在意念導引、呼吸配合、動作相助下，氣沉丹田時，還能體感

到丹田內氣動，丹田內氣旋轉，丹田內氣鼓蕩等現象。其功效在於能使膈肌產生上下運動，胸壓和腹壓交替變化，促使五臟六腑進行自我按摩運動，五臟六腑是十二經絡的大本營，這樣更有助於十二經絡及全身經脈的暢通和內氣的循環運行。

因此，經常堅持練習太極棒尺內功，對防治由於經絡系統內氣運行不暢所產生的氣滯、氣虧、身冷、手腳發涼等等現象，尤為有效。

五、促進消化系統

太極棒尺內功採用腹式呼吸、氣沉丹田的方法，可使支配內臟器官的神經產生興奮，膈肌活動幅度明顯增大，活動範圍是平時的3～4倍。改善了腹肌的收縮與舒張，因此，增強了腹腔內壓，使腹部溫度增高，促使胃、腸、肝、腎、膀胱隨之產生自我按摩式運動。從而提高胃腸道平滑肌的張力和收縮力，加速胃腸的蠕動，促進胃腸消化液的分泌，加強了消化、吸收和排泄功能。練功時有口液增多和腸鳴感的現象，就是促進胃腸消化能力的表現。

因此，經常堅持練習太極棒尺內功，具有促進消化系統功能、改善體內物質代謝的作用。對防治由於消化系統病變所產生的疾病，例如胃痛、消化不良、食慾不振、便秘、小便不利等等，均有良好的功效。

六、鍛鍊肌肉組織

肌肉的基本特徵是收縮與放鬆，收縮時肌肉縮短，橫

斷面增大，放鬆時則相反。肌肉組織的物理特徵是伸展性與彈性。練習太極棒尺內功螺旋纏繞式的動作，能使全身各部位的肌肉群總是絞來絞去，都能參加運動。這種鍛鍊方式不像舉重、投擲、健美等競技體育運動那樣，給肌肉以強烈的刺激，使局部肌肉僵硬和隆起。

太極棒尺內功鍛鍊肌肉的方式，是在意、氣、形合一的狀態下，一鬆一緊、一剛一柔、一收一放，一開一合，交替變化運動中進行的，從而使全身的肌肉得到均衡的鍛鍊。所以，這種獨特的鍛鍊肌肉的方式，能促進血液循環加快，從而使肌肉需要的氧氣和營養物質得到及時的補充，促進乳酸等代謝產物的吸收和排泄，提高肌肉的運動能力，使肌肉勻稱豐滿，柔韌而富有彈性。

由於肌肉收縮與放鬆、伸展性與彈性的增強，對關節和骨骼的牽拉作用也得到了加強，使骨的形態結構和性能都產生良好的變化。運動時可減少肌腱和骨之間的摩擦，提高運動的轉換能力。

因此，經常堅持練習太極棒尺內功，能使習練者較快地掌握新的動作要領，促進演練太極拳套路的動作更加協調優美、舒展大方。對防治由於肌肉組織病變所產生的疾病，例如肌肉酸痛、肌肉痙攣、肌肉勞損、肌肉萎縮、肩背痛、腰腿痛等等，尤為有效。

七、加強關節活動，堅固骨骼

練習身體九大關節和各部位太極棒尺內功的動作時，由於各關節呈螺旋纏繞式的圓形運動，因此擴展了關節的

活動範圍，增強了關節結構、關節韌帶、軟骨滑膜層、纖維層、半月板、骨膜、關節囊等，起到了保護關節和限制關節的作用。

關節和骨骼呈螺旋纏繞的運動時，能使該部位周圍的肌肉、韌帶、肌腱、神經、血管、經絡等同時綜合地得到鍛鍊。練功時關節處有時發出「咯咯」響動的聲音，就是促進關節軟化運動的良好反應。長此以往，能使關節之間、骨與骨之間的連結更加穩固，骨密質增強面堅固。促進骨液分泌，對骨質營養的吸收和病變的修復，預防骨骼老化、變形，起著重要的作用。

經常堅持練習太極棒尺內功，使關節的穩固性、柔韌性和靈活性增強了，能提高太極推手技擊和防守的有效率，還能提高關節和骨骼的抗折、抗彎、抗扭轉方面的性能，達到減輕衝撞和震動的作用。對防止由於骨質病變所產生的疾病，例如關節炎、頸椎病、骨刺、骨質增生、椎間盤突出等等，均有良好的功效。

綜上所述，可以看出練習太極棒尺內功與體育運動的根本區別在於，體育運動著重鍛鍊有形結構，而太極棒尺內功在鍛鍊有形結構的同時，又著重鍛鍊無形物質精、氣、神，並由無形物質的變化而改進有形結構。兩者的鍛鍊方式完全不同，所以，練習太極棒尺內功具有一般體育運動鍛鍊所達不到的功效。

第三章　太極棒尺內功學練方法

第一節　遁時修煉

　　據易經之理，一年分四季，十二個月，二十四節氣。氣候不同，自然界陰陽消長亦在隨之而不斷地變化。其變化必然影響到人及物。春為長，夏為旺，秋為收，冬為藏。因此，修煉者應當參照一年四季十二個月的陰陽變化有規律地來進行練功。

　　春夏兩季練功應以養陽為主。秋冬兩季陽氣潛藏，練功應以養陰為主。陰得養則陽潛而內藏，保持生命之能力，以待春季來臨，生機萌發。故內經云：「春夏養陽，秋冬養陰。」其意是春夏是陰消陽長之時，所以春夏練功應選擇在六陽之時，秋冬是陽消陰長之時，故秋冬練功應選擇在六陰之時，順應自然界天地氣候變化而修煉，以達天地人相合。

　　據易經之理，一日分為十二個時辰，十二個時辰之中，子時為陰極而陽生，陰消陽長，從子時起，丑、寅、卯、辰、巳六時辰為陰氣漸消漸衰，而陽氣漸生漸盛，所以稱為六陽時。

午時為陽極而陰生，陽消陰長，從午時起，未、申、酉、戌、亥六時辰是陽氣漸消漸衰，而陰氣漸長漸盛，所以稱為六陰時。

　　循時練功之意，是根據一年之內不同的季節變化和一日之內不同時辰的陰陽消長變化規律而修煉。必須循天地自然界變化之理，人相應地協調陰陽，選擇適合自己情況的季節時辰來練功。此名為「生氣之時」和「同氣之時」。以取外而補內，疏通經絡，促進氣血運行。

　　練功時間與方位，來源於古典名著《內經》中的「子午流注」學說。它是根據自然界的一切事物有規律的週期性變化，研究人體生理機能活動、病理反應變化及與自然界週期性同步變化的關係。基本內容有臟氣法、五臟配五行、經絡氣血流注有時等等。

　　子午流注之意，具有陰陽、時間、方位變化的含義。如一年分為春、夏、秋、冬四季；一日分為早、中、夕、夜，子、午、卯、酉四時。子時為陰盛之時，陰極則陽生。午時為陽盛之時，陽極則陰生。卯、酉為陰陽各半、陰陽平衡之時。子午為經，指南北、上下方位。並與南北極磁場相關。卯酉為緯，指東西、左右方位。流注本指自然界水之流動轉注，而在氣功修煉時，則指人體內氣血流動循環變化。

　　因人本身有一個生物鐘，生理變化和生活規律是與自然界變化規律相吻合的。經絡的開合也是與自然界變化規律相吻合的，隨時間而變化，所以選擇在與臟腑經絡相通應的時辰（時間）來練功，功效會更好一些。

例如，午時11～13點，此時與心氣相通，是心經氣旺之時，調養心臟功能應選擇在此時練功。又如，酉時17～19點，此時與腎氣相通，是腎經氣旺之時，調養腎臟功能應選擇在此時練功等等。如此類推。

　　下面是各臟腑氣旺的時間表：

膽經氣旺於子時　　　　23～ 1點
肝經氣旺於丑時　　　　 1～ 3點
肺經氣旺於寅時　　　　 3～ 5點
大腸經氣旺於卯時　　　 5～ 7點
胃經氣旺於辰時　　　　 7～ 9點
脾經氣旺於巳時　　　　 9～11點
心經氣旺於午時　　　　11～13點
小腸經氣旺於未時　　　13～15點
膀胱經氣旺於申時　　　15～17點
腎經氣旺於酉時　　　　17～19點
心包經氣旺於戌時　　　19～21點
三焦經氣旺於亥時　　　21～23點

子時氣血流注於膽

　　膽者，中正之官，決斷出焉，屬木，肝之腑之，為中清之府，十一絡皆取決於膽。人之勇，祛邪正於此，故從膽，有膽量方足擔天下之事。膽主仁，故以膽斷之。膽附於肝之短葉中，仁者無窮也。屬足少陽之脈，少血多氣。

丑時氣血流注於肝

肝者，將軍之官，謀慮出焉。肝木臟，魂所藏，居於膈膜之下，亦有系絡，上擊下心包，其經葉中有膽附焉。蓋肝者幹也，以其體狀有枝幹也，其合筋也，其容爪也，開竅於目。屬足厥陰之脈，多血少氣。

寅時氣血流注於肺

肺者，相傳之官，治節出焉。肺為金臟，魄所藏，為五臟之長，心之蓋生氣之原，上接喉竅，下覆諸臟，主呼吸出入，為人身之菅蓋。肺者沛也，中有二十四孔，分佈清濁之氣，以行於諸臟，使肺然莫禦也，其合皮也，其索毛也，開竅於鼻。屬於太陰脈，少血多氣。

卯時氣血流注於大腸

大腸者，傳道之官，五味出焉。屬土，脾之腑也，故從田。田乃五穀所出，以為五穀之市也。又胃者衛也，水穀入胃游溢精氣，上出於肺，暢達四肢，布護周身，足以衛外而固也，上接喉竅，居於膈膜之下，其左有小腸。屬足陽明之脈，多血少氣。

辰時氣血流注於胃

胃居中焦，五行亦屬於土。《靈樞・玉版》曰：胃能容受消化，飲食以生氣血。胃者，水穀氣血之海也，《素問・玉機真藏論》中說，五臟者，皆稟氣於胃，胃為五臟

之本也，胃氣以降為順。

巳時氣血流注於脾

脾居膈下，位於中焦，為陰中之至陽，在五行中屬土，主至於長夏。脾為後天之本，氣血生化之源。脾氣主升，脾主運化，有流攝血之功能。脾主肌肉，其華在唇，開竅於口。《靈樞・本神》曰：因志而存變，謂之思，思為脾之志，少血多氣。

午時氣血流注於心

心者，居主之官，神明出焉。心火臟，故不欲。其炎上蓋，心者新也，心主血脈，日新，新新不停，則為平人，否則病矣。

其合脈也，其榮色也，開竅於舌，其位居於肺之下，心包之上，其有系絡上繫於肺。凡脾胃肝兩腎膀胱各有一系絡，繫於包絡之旁以通於心，故包絡為心之外衛，心為五臟六腑之君主。屬於少陰之脈，少血多氣。

未時氣血流注於小腸

小腸者，受盛之官，化物出焉。屬火，為心之腑，居於胃之左，上接於胃，其下即大腸、膀胱，門之粗者出大腸，清者滲入膀胱。

蓋人納水穀，脾化氣而上升，腸則化而下降。以腸者暢也，所以暢達胃中之氣也，暢通則為平人，否則病矣。屬於太陽之脈，多血少氣。

申時氣血流注於膀胱

膀胱者，州都之官，津液藏焉，氣化則能出焉，屬水，為腎之液。蓋膀胱者，膀胱光也。言氣血之元氣足，則津液窮達不窮，而肌膝皮毛皆因以光澤也。為足太陽之脈，多血少氣。

酉時氣血流注於腎

腎者，作強之官，技巧出焉。腎，水臟，藏精與志，為先天之本，精神之舍，性命之根也。蓋腎者引也，能到引氣通幹骨髓，又腎者任也，主骨即任因房之事，故強弱繫之，其合骨也，其榮發也，開竅於二陽。屬足少陰之脈，少血多氣。

戌時氣血流注於膻中（心包絡一名手心主）

膻中者，臣使之官司，樂出焉。為水臟之外行，故曰相火。代君王而行事，亦有主名，保以繫之以手，蓋以平厥陰之脈，出屬於心包手三腸之脈，散絡心包是手與心主合，所以心包絡稱心主五臟，加此一臟寶六臟也，即手厥陰足絡，多血少氣。

亥時氣血流注於三焦

三焦者，決三寶之官，水道出焉。屬火，為心包絡之腑。蓋焦者熱也，三者上中下三焦之氣也，滿腔中熱氣布護始能通水道。上焦不治則水流高源，中焦不治則水流中

腔，下焦不治則水亂二便。三焦氣治則脈絡通，而水道利。故曰，決三寶之官。屬於少陽脈也，少血多氣。

　　但是修煉氣功不必拘泥於此，對於練功時辰的選擇，古人又多強調在子午卯酉四時來修煉，稱之為四正時。並把此四時比喻為：朝晨為春，日中為夏，日入為秋，夜半為冬。子時屬陰，陰氣正盛，為陰極陽生之時。一陽生五陰降，一陽生於五陰之下，自然界陽氣來復，天地人相應，可助人身元陽之氣發生，可助腎水上升、精化為氣。故道家氣功重視子時練功，子當生火、起火、進火煉丹。子時練功主靜，此時修煉應以靜功為主，以動功為輔。練功方位：面朝北。

　　午時屬陽，陽氣正盛。為陽極陰生之時。一陰生五陽降，此時人身之氣正走於心經，心為陽中之陽，兩陽相合，陽氣必然亢盛，但此時一陰生陽氣漸漸呈下降趨勢，因陰陽互為其根，所以此時練功必助元陰之氣生長，而收斂亢陽，使諸陽之氣隨一陰潛降而不至於剛燥。此時修煉應以動功為主，以靜功為輔。練功方位：面朝南。

　　卯時日出陽進之時，為四陽二陰，陽進陰消，人身陽氣長勢已成。此時練功正助陽氣茁壯成長。卯時在人身經氣正走於胃，胃屬土，土生萬物，胃乃後天之本。道家氣功強調煉後天補先天，故重視在卯時修煉。練功方位：面朝東。

　　酉時日落夕陽之時，為四陰二陽，自然界氣候由清轉混，此時練功有助元陰之氣充盛，利於陽氣藏養。酉時在人身經氣正走於腎，腎屬水而藏精，精乃先天之本。腎精

外泄成人，閉固修煉則精化成氣，陽藏陰中為真陽。故道家氣功修煉重視煉精、固精、養精，所以重視強調在酉時練功。練功方位：面朝西。

　　子、午、卯、酉四時的陰陽變化是自然界陰陽消長的轉折點。天地人相應，人以天地之氣而生，所以氣功修煉應順應自然界變化，可促進人體陰陽相互平衡，相互協調。依子午練功是修煉心腎，使心腎相交，上下相固，達到水火相濟，是修煉小周天功，古時稱之為「子午周天」。依卯酉練功是修煉大周天功，古時稱之為「卯酉周天」。

第二節　學練步驟

初學者學練太極棒尺內功一般分為三個階段。

第一階段：練形階段

就是認真學習掌握各段功法的動作要領，做到準確、順暢、熟練地完成各功法動作。要熟記一種功法動作，操練時保證動作的連貫完整性，在做動作的同時，要邊做動作邊檢查，要注意身體各部位是否符合要領，逐漸掌握動作規範及要求。

　　這一階段是練形階段，要力求達到外三合與周身相合，注意力應集中在練形上，即動作上。不要過多地注意意念，更不要去追求、執著於意引氣行的路線、竅位及呼吸等等。要順其自然，這是練習好本功法的基本功。一定

要反覆認真學練，為下一階段的提高打好基礎。

第二階段：練氣階段

在第一階段的基礎上，將注意力逐漸轉移到呼吸與動作的配合上。按功法所要求的呼吸方法配合動作進行練氣，呼吸要求做到均勻深長，呼吸與動作要配合得當，練功時感到氣通順舒暢不憋氣。認真掌握好內三合與外三合的配合一致，這樣就能逐漸培養內氣，使內氣增長，為下一階段的提高打好基礎。

第三階段：行氣階段

在能夠準確地完成功法動作，並能夠很好地同呼吸意念配合起來練習之後，就可將注意力轉到運氣行氣上來了。這就要更切實掌握、體會意念要求，並在練功時用心體會用身體驗。經過第二階段練功後，一般都能產生很強的氣感。將內氣按照各功法的動作、意念要求在體內運行，爭取達到意到氣到、氣到動作到、內外合一內外相呼應的練功效果。從而逐漸修煉達到更深的練功境界。

在這段練功時要注意的是，要熟記意念要求，要自然而然地行氣，不可過於緊張，逐漸達到輕鬆適意的練功境界。特別是開始練習用意引氣行氣時，可先不考慮經過哪些經絡哪些竅位，而只用意引氣最後達到目的地（意守竅位）即可。經過一段時間練習之後，自然會體感到氣運行過程中的感覺，但即便此時也切記不要強求氣按自己的想法執著地運行，還要求順乎自然，要力求達到功無功，意無意，無功無意是真意的練功境界，為以後的進步提高打好基礎。

第三節　練功注意事項

練功前準備事項：

（1）練功前要整理情緒、排除雜念，以求心安意寧情緒平定，情緒有較大波動時不易馬上練功。

（2）練功前要排除大小便。

（3）練功前要寬解衣帶，有利於身體放鬆和氣血循環。

（4）練功前應先做一些放鬆關節肌肉的功前準備活動，以利於消除身體及精神上的緊張狀態。

（5）在室外練功應選擇在空氣清新、無污染、無噪音、環境優美的地方。

練功中注意事項：

（1）練功時間長短、次數及選擇練功內容，應按自己的身體狀況和工作狀況來確定，以練完功後感到精神飽滿，一天的生活工作精力旺盛為度。

（2）練習氣功應按部就班有序地來練功，不能急於求成、只圖進度快，在還沒有達到某層次時就過早地修煉下一步功法，這種拔苗助長式的練習方法不可取。

（3）要在有經驗的氣功老師指導下練習，如練功中遇到問題出現一些反應現象，要及時反映給老師以求正確指導，以免產生偏差。

（4）練功時如出現氣動、循環、腸鳴、自發功、幻

覺等練功反應現象時，要正確理解對待，不要刻意追求，任其自然。

（5）練功中如出現疲勞時應暫停練功，待消除疲勞後再繼續練功。

（6）練功時如遇雷鳴閃電的氣候時，應暫停練功，以免受到驚嚇使氣機紊亂。

（7）每次練完氣功後，應認真做好收功。

（8）婦女在月經期間、懷孕期間，應減少練功時間和強度，如遇不適，應暫停練功。

（9）男子在練功期間，應減少房事或禁止房事，以免損失元氣，影響練功效果。如房事後或遺精應注意休息，不宜馬上練功。

練功禁忌：

（1）饑餓時和飯後不宜馬上練功。

（2）患有高燒、感染、失血、外傷的情況下應禁止練功，待病好後再練功。

（3）傳染性疾病患者應禁止與他人一起練功。

（4）禁止酒後在神志不清不能自控的情況下練功。

（5）患有植物神經紊亂，癔病，精神、情緒控制不佳者不宜練習氣功。

高血壓病人的練功要領：

練習氣功不僅可以控制血壓的上升，還能起到有效降低血壓的作用。但如果方式不當，則適得其反而加重病情。

高血壓病人練功時要注意三個字——靜、鬆、降。

靜：即心靜，不為雜念所干擾，最好選擇安靜的綠化地帶進行練功，心靜神安可以降低大腦皮質的興奮性，有利於植物神經功能的調整和血管舒縮的調節，從而起到降壓的作用。

鬆：即要求在活動中肌肉放鬆，降低外周血管的緊張度，使血管舒張，血壓則不會上升。

降：即把意念向下想。意守下腹部丹田處或足心湧泉穴，再配合動作和呼吸導引向下，有利於降低血壓。

我們透過脈象儀測試觀察到，選擇適合自己身體狀況的意守部位非常重要。當練功者意守腹部丹田時，血氧流量顯著地在該部位增加，激素也相應增加，呼吸頻率顯著減慢，血壓呈下降趨勢。尤其是當練功者意守會陰、湧泉穴位時，血壓下降明顯。而當練功者意守頭部的祖竅、百會、囟門穴位時，血流量顯著地在該部位增加，激素也相應增加，意守部位周圍皮膚穴位處溫度上升，血壓也相隨上升。低頭彎腰，屏氣用力都是高血壓患者的禁忌。

低頭時，由於重力作用可使人腦循環血流量增加，血管壁緊張，易引起頭昏、頭重，有時還會誘發腦血管破裂，引起腦溢血。屏氣可使胸腹部壓力增加，血壓上升，而且屏氣時心臟射血阻力也增加，一旦放鬆，心臟泵出的血液會對腦動脈形成衝擊，也會誘發中風。因此，高血壓病人練功時不宜做體位變化幅度過大的動作，也不宜進行劇烈對抗競爭性項目。以上練功實踐經驗和儀器測試，為我們今後科學練功提供了依據。

第四章　太極棒尺內功修煉法

第一節　煉丹要訣

　　氣功的實質就是意氣相合、神氣合一，氣功的特質基礎是精、氣、神。氣功的質量取決於習練者本身精、氣、神的質量，所以欲提高氣功，首先應從培養壯大精、氣、神入手。精足則氣足，氣足則神旺，神旺則形全。以養為主，養練有機的結合就是修煉功夫的內涵。其關鍵在於要「抓住丹田煉氣功」。要氣氣歸根，根在丹田。這是修煉丹田的要訣。

　　抓住丹田練氣功就是以心為主宰，開合、收放、出入皆在丹田。想開時主動，則氣出丹田運行四肢；想合時主靜，則氣由四梢歸合於丹田；前進時，則氣由命門通向肚臍；後退時，則氣由肚臍引至命門；左旋時，則丹田左轉，氣沿帶脈左轉圈；右轉時，則丹田右轉，氣沿帶脈右轉圈；中定時，則上、中、下三丹田中氣貫通。周身纏絲旋繞，皆與丹田內轉相合。「抓住丹田練功」是修煉氣功重點中的核心，意念的開合收放，動作的開合收放，呼吸的開合收放，都要配合丹田的開合收放。

要意、息、形相依，勢勢歸根，息息歸根，氣氣歸根，根在丹田。氣氣歸根，其意就是意想著丹田的呼吸，耳內聽丹田的呼吸，眼內看丹田的呼吸，三性歸一，意守丹田。

　　意、息、形相依而歸根，神氣合一在丹田。久之則丹田內生氣、生血，氣滿丹田，丹田自壯，氣血旺盛，周流全身，榮華四梢，內強外壯，生機勃勃。腹內丹田猶如充滿了內氣的皮球。抓住丹田練氣功是道家修煉氣功根本所在，此乃練功之捷徑。

　　修煉丹田還要會練會養。所謂養，即養氣、養精、養神為首要。十年練功要十年養氣。氣以直養而無害，久久養練形成浩然正氣。氣血者，吸天陽以養氣，吸地陰以養血，氣為主而血為配，「有形之血於無形之氣，有形之血不能速生，無形之氣則當早固」。氣化物生，氣盛物壯，氣正則物和。所以氣應養，精足氣足，氣足則神旺。

　　要靜心安身，清心寡慾，固精養精保精，精氣雖滿而不外泄，煉精化氣，還原於身。氣足則神旺，神入身則長生，念止神來，念動神離，心靜則神寧，靜心能養神。所以練習氣功者，心要靜，靜養精，靜養氣，靜養神，靜才能三性歸一意守丹田練氣功。

　　修煉氣功動作宜慢不宜快，因慢練而養氣，慢練能形與氣相合。所以練功須從無極始緩慢而動，而收功結束，默默停止，形似潺潺流水，又似和煦春風，柔順和緩，沉穩兼備。每招每式均要緩慢，開展時要緩慢，沉合時要緩慢，一起一落要緩慢，總之慢能思上下左右是否相隨，慢

能感知外內是否六合為一，慢能求神氣不斷，慢能求周身一家。心靜慢練，隨著外形動作和緩而動，引動內氣於體內緩緩而行，使意氣相合，使神形合一，順其自然之勢，合其自然之運，含其自然之機，合其混元之道，達至物我兩忘之境。

因此，修丹練功者要靜心慢練，養心靜練，順其自然，不得強求，會練會養才能功進大成。

一、無極起勢

兩腳平行與肩同寬，頭正項直，百會朝天，兩目微閉，含光默默，輕合齒唇，舌抵上齶，沉肩墜肘，兩腋虛空，兩臂自然下垂，雙肘微屈，含胸拔背，鬆腰塌胯，兩膝微屈，全身放鬆，呼吸自然，排除雜念，頭腦清空，心意專一（圖33）。

無極之義：空空洞洞、混混沌沌、無形無象、虛若無物、無一物而生萬物。由無極而現有機，無極一動必分陰陽，動靜便是陰陽，陰陽就是太極。

太極者無極而生，陰陽之母，陰陽變化，包羅萬象，一切事物變化都在陰陽轉變之中，其結果必然是清氣上升為陽，濁氣下降為陰。所以我們練功應遵循古人經驗，「練功須從無極始，陰陽開合認真求」。

圖33

　　本功法中每變換一個功法動作時，都須從無極起勢開始，在以後的功法動作講解時只稱「無極起勢」，不再重複內容。

二、降氣洗臟功

【動作一】

　　無極起勢。雙手心持太極尺兩端鬆垂於小腹前，靜守片刻後，雙手持尺由體前緩緩上舉至頭頂上方。此時為吸。兩目微閉，意想湧泉，略停片刻（圖34、圖35）。

【動作二】

　　然後雙手持尺由頭頂經臉前、胸腹前下行回歸至初始動作。此時為呼（圖36）。

【意念】

　　意想引大自然之氣與自身體內真氣相合為一，似雨露般自上而下涓涓流淌，由頭頂性宮處如同沐浴般，由表及

圖34　　　　　　　　圖35　　　　　　　　圖36

裏沖洗身肢百骸五臟六腑。若身體某部位、某臟腑器官有病，降氣時意念到達該部位時，稍停一停，然後隨意念導引將體內不好的氣、病氣從腳底湧泉穴排出。降氣時舌抵下齶，嘴微張，向外緩緩呼氣，要做到均勻深長。意想將肺內濁氣、病氣從口中排出。

【意守部位】

湧泉穴位於腳心的三分之一凹陷處。

【功效】

清洗五臟六腑，去濁留清，疏通經絡，固本培元。本功法對上盛下虛、血壓高、頭昏、頭痛、肝氣盛、失眠等症功效尤佳，練功後有清腦、怡神、明目之感。

【重點提示】

此動作是練習氣功時，首先必須做的第一步功法。

第二節 採氣功

採氣功是以五心歸元的練功方法，將採收到的天地自然界精華之氣，匯歸蓄合於中丹田。何為五心，即頭頂心，兩腳心，兩手心。練習採氣功時是由頭頂心囟門竅將採收到的天陽之氣下降，由兩腳心湧泉穴將採收到的地陰之氣上升，由雙手心勞宮穴配合肺呼吸將採收到的清氧之氣收歸於中丹田的。

歸元為中丹田，中丹田乃氣之舍，將採集到的天、地、自然界精華之氣蓄存於中丹田後，內氣得以補充，陰

圖37　　　　　　　　圖38　　　　　　　　圖39

陽得以平衡，便可營養五臟六腑，旺盛細胞，榮華四梢，
營衛周身。

一、採自然界氣

【動作一】

無極起勢。雙手心持太極尺兩端橫放於腹前中丹田
處，全身放鬆，目視遠方，雙臂向前伸至胳膊自然直，同時
上身向前彎曲相隨。此時為呼（圖37、圖38）。

【動作二】

稍停片刻，雙手持尺由前緩緩向後收回至中丹田處，
兩目也由遠而近內收至內視丹田，身體重心微微下降。此
時為吸（圖39）。

【意守部位】

中丹田位置肚臍深處。

【意念】

心意、呼吸、目光及動作配合一致，採收自然界精華之氣，包括花草樹木、空氣、海水中的氧氣負離子。意想透過手採、目收、呼吸將採收到的自然界精華之氣源源不斷地收歸於中丹田。

【功效】

培養充實丹田之氣。透過練功時的深呼吸，吸入清氧之氣，吐出臟腑濁氣。可達到加強和改善肺功能的作用，使肺部新陳代謝功能增強，增多血液中的氧氣，提高蓄氧能力。因肺主一身之氣，肺朝百脈，故又能起到推動氣血在全身運行的作用。

【重點提示】

採收自然界之氣適合於每個練習者，一年四季春、夏、秋、冬均可練習。是每次練功時必練功法。

採氣功是用口鼻進行呼吸的，也就是運用後天呼吸法來練功。吐者為呼，吸者為納。與普通呼吸不同之處就是鼻吸、口呼。呼吸時要達到均勻深長。

二、採天陽氣

【動作一】

無極起勢。雙手心持太極尺兩端橫放於腹前中丹田處（圖40），然後雙手緩緩上舉過頭至胳膊自然直，兩目上視天空。此

圖40

圖41

圖42

圖43

時為吸。略停片刻（圖41）。

【動作二】

雙手持太極尺由頭上方處向下抓墜至胸上方，同時身體鬆墜，兩目微閉。此時暫停呼吸（圖42）。

【動作三】

然後雙手持太極尺由胸上方向下行至中丹田處，身體重心相隨向下降。兩目內視丹田意想丹田。此時為呼（圖43）。略停片刻後再做下一次採收，如此反覆練習。

【意守部位】中丹田。

【意念】

意想將採集到的天陽之氣由頭頂囟門竅進入上丹田後向下降歸於中丹田，採收時心意與兩手配合一致由上而下進行，採收時意想天陽之氣下降，源源不斷地進入中丹田。

圖44

圖45

【功效】

　　練習採氣功時透過用三性歸一的方法來練功，可達到精神變物質物質變精神的功效。練習採天陽氣具有增補陽氣，採陽補陰，調節身體陰陽平衡，培養充實丹田內氣的練功效果。

【重點提示】

　　練習採天陽之氣、採地陰之氣要根據一年春、夏、秋、冬四季和一天12個時辰的陰陽變化來練功，這樣練習採氣功功效更佳。

三、採地陰氣

【動作一】

　　無極起勢。兩手心持太極尺兩端橫放於腹前中丹田處（圖44），雙手持尺弓身彎腰緩緩向下行至腳面。此時為呼（圖45）。

圖46

【動作二】

雙手持太極尺順腿前緩緩向上提起恢復至初始動作。此時為吸（圖46）。

【意守部位】中丹田。

【意念】

當雙手持尺順腿前向上提時，意想將採收到的地陰之氣，從腳底湧泉穴沿腿內側上行，經會陰、尾閭、命門後源源不斷地進入中丹田。

【功效】

練習採地陰之氣，有採陰補陽、調節身體內部陰陽平衡，增生精液、補腎氣之虧損，煉精化氣之功效。將採集到的自然界精華之氣、天陽之氣、地陰之氣蓄合匯歸於中丹田。中丹田猶如一個蓄水池一樣，只蓄不泄，越積累越多，充實丹田內氣，為下一步循經走脈打下基礎。

圖47　　　　　　　圖48　　　　　　　圖49

【重點提示】

　　練習此動作向上提引時，不僅意念與動作配合，還要注意配合會陰內吸和提肛。

第三節　丹田內動

一、左右運轉

【動作】

　　無極起勢。兩眼微閉，意想中丹田處，雙手心向上握太極棒兩端於中丹田前，在左手由左向右旋轉的同時，右手由右向左旋轉合為一圈，然後向相反方向旋轉（圖47—圖49）。在雙手旋轉的同時，身體重心及腰腹部位要配合動作協調一致，以外形旋轉帶動丹田內氣也隨之旋轉變

圖50　　　　　　　圖51　　　　　　　圖52

化。

二、前後運轉

【動作】

無極起勢。兩眼微閉,意想中丹田處,雙手持太極棒兩端於中丹田前一尺左右,向上、向前、向下、向後立行旋轉一圈的同時,以外旋帶動丹田內氣向相同方向旋轉一周,腰腹部隨太極棒導引而隨動,密切配合反覆練習,運用自如後再練習相反方向(圖50—圖52)。

三、平行運轉

【動作】

無極起勢。雙手心持棒兩端橫放於中丹田前一尺左右,由內向右、向前、向左、向外平行旋轉一圈,周身隨之,以外形旋轉帶動丹田內氣向相同方向旋轉一周,反覆

圖53　　　　　　　　　圖54　　　　　　　　　圖55

練習運用自如後，再向相反方向練習（圖53—圖55）。

【呼吸】自然呼吸。

【意守部位】中丹田。

【意念】太極棒向前後左右平行運轉時，意想丹田內氣相隨同時運轉。

【功效】

有將採集到的天陽之氣、地陰之氣、自然界之氣進行運化提煉吸收的作用，待丹田內氣逐步形成圓形的「氣球」後，隨意念在太極棒的導引下，使丹田內氣能夠隨心所欲地向前後、左右、平行及各個方位角度，運用自如地旋轉變化。

在丹田內氣旋轉變化的同時，帶動腹部鼓盪運動，使膈肌的升降幅度增大，腹肌的伸縮能力增強，形成對腸胃的按摩作用。從而促進腸胃蠕動，增強消化器官的功能，提高消化能力和吸收營養能力，促進新陳代謝，提高排

泄、排濁能力。

【重點提示】

練習此式，如丹田內氣一時帶動不起來，說明丹田內氣尚未充足，有待進一步充實培養丹田內氣，使之逐漸形成「氣球」。做動作時要求圓轉自如，不能有凸凹棱角處。

第四節　站樁功

練習氣功要有意識地放棄眼、耳、鼻、舌、身對外界的感應作用，一心一意地用心去想，用耳內聽，用眼內視丹田及意守部位，感知氣的細微變化。靜心養氣、靜心練氣、靜心行氣，這便是封閉四門（指眼、耳、鼻、口），「鎖心猿、拴意馬」，其目的是為入靜而守竅。

古人云：「靜養靈根氣化神，養靈養性見天真，練就丹田長命寶，萬兩黃金不與人。」站樁功的真義在於入靜，心靜才能靜養，靜養才能使意、氣、神相會於丹竅固本培元。

意氣神相合就是思想意識集中到丹田竅內，意到氣自然到，注意力集中於丹田就等於將種子撒入地裏，氣候條件適中時便會逐漸生根、開花、結果一樣。

三丹田是根據道家內丹術，以精、氣、神主導作用而劃分的。丹田是指培養調煉精氣神的地方，是精氣神凝聚伏結之處。道家把培育調煉精氣神相關的竅位稱之為「丹田」。

一、下丹田站樁功

【動作】

無極起勢。雙手心握太極尺兩端橫放於小腹處，與小腹相距約20公分，塌腰、收臀、身微坐，同時收尾閭、提肛、提會陰（圖56）。

【呼吸】自然呼吸。

【意守部位】

圖56

下丹田位於會陰深處，男子相當於前列腺處，女子在子宮口。

【意念】

（1）兩眼輕閉內視，兩耳封閉而內聽，思想意念內守會陰深處。

（2）然後以會陰為中心，用心意呼吸法先吸後呼，即向會陰深處吸約三寸左右，男子相當於前列腺處，女子在子宮口。吸時肛門同時收縮上提，然後再從下丹田呼出，經兩腿下達湧泉竅（腳心）。至於順何處而下，初級階段可隨其便，只是意達即可。身體重心及兩手持太極尺隨意念呼吸而緩緩上下提放而動，一呼一吸為1次，反覆練習。

（3）練完後再轉入自然呼吸，靜守會陰竅深處。動與不動也不必管它，只要三性歸一靜守住它，直至收功為止。

【功效】

意守下丹田有養精生精，煉精化氣之功效。腎功能的

加強可促進調節心腎關係，使心腎相交水火相濟，精足則氣足，氣足則神不衰。從而為全面調和臟腑功能奠定了基礎。還有將任督兩脈接通的作用，使內氣運行於大小周天之中。

對於精氣虧損、經血虧虛症狀的練習者，有增強精血分泌，提煉調整精氣、經血之能力，以補充其虧損，具有很好的療效。

【重點提示】

在練習意守下丹田一個階段後，練功時精氣充足而出現陽舉的現象後，可練習下一步提高功法，改為意守命門或中丹田進行煉精化氣的修煉。

二、中丹田站樁功

【動作】

無極起勢。兩手心持太極尺自體前上升懷抱於腹前一尺左右，臂要圓、背要圓、襠要圓，形如懷抱球狀，故又稱三圓樁。自然呼吸（圖57）。

【意守部位】中丹田。

【意念】

（1）三性歸一靜守中丹田，意想形圓氣圓。

（2）心意與呼吸配合引動竅呼吸時，將肚臍極為輕緩地向裏往後吸（竅內吸），直到吸得不能再吸時，即在意

圖57

念上似感肚臍與命門相貼。然後隨腹部自然向前放鬆時為呼，意想丹田內氣由命門向前肚臍處擴充，丹田內氣有充足感。當肚臍不能擴時，再做下一次收放。太極尺及身體也相隨前後微緩移動，反覆練習。

（3）轉入自然呼吸，丹竅以後不再管它動不動了，動就動，不動就三性歸一意守中丹田。練習中丹田站樁功每次不少於20分鐘。

【功效】

練功時意守中丹田，有養氣增氣，煉氣化神之功效。站樁時就這樣想與練，隨練功的深入，中丹田就會從初始到有氣，從氣少到內氣充足。待內氣充足後可促進氣通五臟六腑及周身經絡血脈，並能在人體內產生保健與抗病的本能。氣與血是密切相關的，由於各種原因使氣虧損而血不能不受影響，血液虧損也導致減弱抗病的能力（即損氣），以致在體內各個不同部位組織機能受到破壞而產生各種疾病。練習氣功意守中丹田，可恢復元氣和增強抗病能力（即補氣、養氣、壯氣），補充氣血虧損，促進氣血循環暢通，調整與改善身體各器官機能以促進身體康復；腹部呼吸又能加強胃腸蠕動，增強消化能力，使多吸收營養，並提高排泄能力，調和氣血舒通經絡。

【重點提示】

練功時逐漸體會感到「兩腎如湯熱，丹田似火燒」，心腎相交，水火相濟，氣上行循經走脈陽氣升騰內景。

凡練功者，屬中氣下陷，脾胃不和，消化系統不調，身體虛弱內氣不足，宜守中丹田。

三、上丹田站樁功

【動作】

無極起勢。雙手心持太極尺橫放於眼前一尺左右，如環形狀。太極尺中心對準眉間印堂穴，雙臂要圓、肩背要圓、襠要圓（圖58）。

【呼吸】自然呼吸。

【意守部位】

上丹田位於兩眉間祖竅深處。

圖58

【意念】

（1）兩目平視遠方，凝視片刻後目光緩收，同時意領雙手帶動太極尺將天地靈氣也緩緩攬回，隨目光收回到上丹田，然後三性歸一靜守。

（2）以心意引動神氣收放，同時雙手帶動太極尺，身體微動相隨，並配合好竅呼吸。神氣回收時意想祖竅微微內吸，神氣向外展時為呼，一收一放為1次，反覆練習。

（3）完成後轉入自然呼吸，三性歸一靜守上丹田。意念要若有若無，似守非守，不可專注。收功時意領神氣下行於中丹田，煉神還虛守後不久可收功。

【功效】

意守上丹田有養神、煉神還虛之功效。

【重點提示】

初學者要按部就班地練習，練習氣功到了一定水準後，再練習上丹田功法。由於過早地練習或是掌握要領不

當，在練功時或練功後會出現氣機上竄能上不能下，頭昏腦漲等不適應症狀。所以練習上丹田功法時，須在具有一定經驗、水準的老師的具體指導下練習。

凡屬氣虛下陷，頭畏風寒，腦貧血，低血壓等患者宜守上丹田。因為上丹田為諸陽之會。如練習者屬陰虛火旺，心火上炎，肝陽上亢，以及高血壓等症，則不宜練習意守上丹田，以免病情加重。

第五節　健身功

論三節：人體有上、中、下三節之分，又有梢、中、根三節之分。而上、中、下又各有上、中、下之分。梢、中、根中又有梢、中、根之分。三三共為九節。

（1）頭為梢節，胸為中節，下丹田為根節。這是身軀三節，即中三節。

（2）手為梢節，肘為中節，肩為根節。這是臂三節，即梢三節。

（3）足為梢節，膝為中節，胯為根節。這是腿三節，即根三節。

九節之中各有其竅：

（1）中三節三竅：上丹田為梢節竅，中丹田為中節竅，下丹田為根節竅。

（2）梢三節三竅：肩井是根節竅，曲池是中節竅，勞宮是梢節竅。

（3）根三節三竅：環跳是根節竅，陽陵是中節竅，湧泉是梢節竅。

練功時在意念的指導下循經走竅，節節放鬆節節貫通。運動起來其要點是起、隨、追三字。即從梢節起，中節隨，根節追。如臂動，身隨，腿追；手動，肘隨，肩追；腳動，膝隨，胯追。使內氣運行於三節，達至於四梢，統歸於五行，貫注於九竅。全身內外、上下、左右，梢、中、根節節貫通總成一節。歸於一氣，表裏合一，入於骨髓出於骨縫，經丹竅貫經穴通遍周身。

一、古樹盤根（上盤）

【動作一】

無極起勢。右腿在前左腿在後，兩腳相距一步。身體重心在左腿，左手在下右手在上握太極棒中節處於胸腹前，隨兩手相合向前推旋太極棒的同時，身體重心由左腿轉換至右腿。此時為呼（圖59、圖60）。

【動作二】

隨後雙手持太極棒放鬆後回收至胸腹前，同時身體重心由右腿轉換至左腿，回歸至初始動作。此時為吸（圖61）。

【意守部位】勞宮竅。

【意念】

意想內氣經肩肘達至手梢節，待以後修煉至中氣功階段時，意想內氣走中腔直達勞宮竅。

【功效】

練習此動作，透過兩手有規律地摩擦刺激手部的經絡

圖59　　　　　　　圖60　　　　　　　圖61

穴位，能起到疏通手三陽經和三陰經之氣，通達於手梢的作用。中醫認為經絡不通則痛，經絡不通則病。對相關這幾個經絡的病症有一定的防治療效。尤其對年老體弱氣虧，內氣不足引起的手臂發涼，手臂肩疼痛、手抖、關節炎等症尤為有效。

【重點提示】

練完功後將雙手心擦熱，按摩拍打手臂上的竅位，有條件時用熱手洗手功效更佳。

練習時要用意不用力，貴在精神意念。

二、古樹盤根（下盤）

【動作一】

右腿在前左腿在後，兩腳相距一步，身體重心在左腿，雙手握太極棒中心兩端處，橫放於腹前。雙手推動太極棒從腹部起順右腿而下至腳。上身及重心隨動作而下降，身體重心落於右腿。此時為呼（圖62—圖64）。

圖62

圖63

圖64

意想內氣循腳三陽經達至湧泉竅。

【動作二】

雙手持太極棒走弧線上行收於腹前，同時身體重心由右腿轉換至左腿，回歸至初始動作。此時為吸（圖65）。

圖65

意想氣循腳三陰經返回丹田。

【意守部位】湧泉竅。

【意念】

意想內氣經大腿小腿達至腳梢節，到了修煉中氣功階段時，意想內氣走中腔直達湧泉竅。

【功效】

練習此動作有幫助疏通腳三陽經、腳三陰經之氣，通達於腳梢的作用。對相關經絡的病症有一定的防治作用，尤其對年老體弱氣虛，腎氣不足引起的腿腳發涼，腰腿腳

圖66　　　　　　　　圖67

疼痛行走不便，關節炎等症尤為有效。

【重點提示】

練完功後配合按摩拍打腿腳部位的竅位，養成堅持每晚睡覺前用熱水燙腳的習慣，功效更佳。

三、腳踏崑崙

【動作】

身體坐在椅子上或手扶物站立，赤雙腳，腳心踩在太極棒內端處，以雙腳滾動太極棒向前後運動（圖66、圖67）。反覆練習。

【呼吸】自然呼吸。

【意念】意氣貫注湧泉竅。

【功效】

透過雙腳有規律滾動太極棒向前後運動，起到按摩刺激腳部的經絡穴位和腳部反射區的作用，可調節改善與內臟相關聯的器官機能和神經末梢，有疏通腳三陽經、腳三陰經，使氣通達腳梢之功效。對相關這些經絡方面的病症有一定的防治作用。尤其對年老體弱，腎氣虧虛、內氣不足引起的腿腳發涼、麻木、疼痛、動作遲緩、行走不便，

圖68　　　　　　圖69　　　　　　圖70

有一定的防治功效。

【重點提示】

要堅持配合每晚睡覺前用溫熱水燙腳，並用手按摩腳心的湧泉穴，擦熱為止。

四、犀牛望月

【動作一】

無極起勢。雙手心持太極尺兩端處橫放於腹前，然後雙手引動太極尺，右手在前上，左手在後下，緩緩向身體右後上旋，頭部、身體相隨儘量向右後轉，眼睛向身體右後看，目視太極尺；同時左腳移至右腿後一小步，身體向下蹲，重心落於右腳。此時為吸（圖68—圖70）。

【意念】

隨身體動作儘量向身後右旋時，意想由尾骨至頸椎由下向上呈螺旋式上升時，內氣走脊椎中腔節節貫穿。

【動作二】

雙手帶動太極尺回身收步，順原線路返回至初始動作。此時為呼。反覆練習。

【意念】

隨身體動作按原路線返回時，意想由頸椎至尾骨由上向下呈螺旋式下降時，內氣走脊椎中腔節節貫穿。

【功效】

此動作是易骨、易髓內氣走脊椎中腔的一種修煉方法。透過太極尺帶動身體儘量向後轉動，可使脊椎上下來回轉動，能達到很理想的袪病、保健之功效。尤其是對骨刺、脊椎炎、腰背痛、骨髓間盤狹窄、壓迫神經等有明顯的療效。

【重點提示】

老年或病重體力不支者，可坐著練習。

第六節　拍打按摩功

一、上　肢

（一）肩　部

【動作一】

無極起勢。左手由下向右上抬起，拍打右肩上的「肩井穴」（圖71），拍打後左手自然落下。

圖71

圖72

【動作二】

右手由下向左上抬起，拍打左肩上的「肩井穴」（圖72），拍打後右手自然落下。身體及重心相隨而動，如此反覆練習。自然呼吸。

【意守部位】

肩井穴。位置在肩上，前直乳中，當大椎與肩峰端連線的中點，即乳頭正上方與肩線交接處。

【功效】

改善肩關節肌肉緊張狀態，擴展肩部的活動範圍，促進提高局部血管、淋巴管、經絡的氣血循環運行能力，有利於增強調節局部的營養吸收能力和新陳代謝功能。對肩周炎、肩部肌肉酸痛、神經痛、胳膊不能上舉等病症有明顯的功效。

【重點提示】

找準穴位很重要，對拍打按摩功效的發揮起著關鍵性

圖73　　　　　　　　　　　圖74

的作用。

（二）肘　部

【動作一】

無極起勢。左手由下向右上抬起，拍打右肘上的「曲池穴」（圖73），拍打後左手自然落下。

【動作二】

右手由下向左上抬起，拍打左肘上的「曲池穴」（圖74），拍打後右手自然落下，身體及重心相隨而動。如此反覆練習，自然呼吸。

【意守部位】

曲池穴。位置在肘橫紋外側端，屈肘，當尺澤與肱骨外上髁連線中點。

【功效】

改善肘關節肌肉緊張的狀態，擴展肘部的活動範圍，促進提高局部血管、淋巴管、經絡的氣血運行能力，有利

圖75　　　　　　圖76　　　　　　圖77

於增強調節局部的營養吸收能力和新陳代謝功能。對肘痛、胳膊肌肉疼痛、神經痛、關節炎、胳膊不能上舉等病症有明顯的功效。

【重點提示】

拍打穴位時力度要適中，力度過輕則功效不明顯。

（三）手　部

【動作一】

無極起勢。雙手相合，用左手的大拇指擊打右手的「合谷穴」，然後再用右手的大拇指擊打左手的「合谷穴」，如此反覆練習，自然呼吸（圖75、圖76）。

【動作二】

左手順右胳膊的外側由上向下進行按摩，再順右胳膊的內側由下向上進行按摩。然後，再換左胳膊如法進行按摩（圖77—圖80）。如此反覆練習。

| 圖78 | 圖79 | 圖80 |

【意守部位】

合谷穴。位置在手背，第一二掌骨間，當第二掌骨橈側的中點處。

【功效】

有疏通手部經絡，使氣血暢達於手梢的作用。

對年老體弱和內氣不足引起的手臂發涼、手臂疼痛、手抖麻木、關節炎等病症尤為有效。

【重點提示】

因練功時經常練習到「勞宮穴」，所以，練習拍打功時，改練手部的又一重要穴位「合谷穴」。

二、下　肢

（一）胯　部

【動作】

無極起勢。雙手鬆握成拳，用拳眼拍打胯部的「環跳

圖81

圖82

穴」（圖81）。如此反覆練習，自然呼吸。

【意守部位】

環跳穴，位置在股外側部，側臥屈股，當股骨大轉子最凸點與骶管裂孔連線的外三分之一與中三分之一交點處。

【功效】

疏通腿部經絡，促進提高氣血循環運行能力。對腿痛、腿麻木、坐骨神經痛、關節炎、行走不便，均有良好的功效。

【重點提示】

為取得良好的功效反應，拍打「環跳穴」時力度要加大。

（二）膝　部

【動作】

無極起勢。雙手鬆握成拳，彎腰俯身，用拳拍打膝部的「足三里穴」（圖82）。如此反覆練習，自然呼吸。

【意守部位】

足三里穴。位置在小腿前外側，當犢鼻穴下3寸，距脛骨前緣一橫指（中指）外膝眼下四橫指、脛骨邊緣。

【功效】

有改善腿部肌肉緊張狀態，促進提高局部血管、淋巴管、經絡的氣血循環運行能力，有利於增強調節局部的營養吸收能力和新陳代謝功能。對膝腿痛、神經痛、腿腳發涼、腿麻木、關節炎、行走不便均有良好的功效。

【重點提示】

練功者做此動作如有困難時，可以坐著練習。

內關、足三里、湧泉被稱為「健康長壽三穴」，練功時應加以重視。

（三）足　部

【動作一】

圖83

無極起勢。雙手鬆握成拳，彎腰俯身，用拳眼拍打小腿後面的「承山穴」（圖83）。如此反覆練習，自然呼吸。

【動作二】

雙手順左腿內外兩側，由上向下進行按摩。然後，再換右腿如法進行按摩，如此反覆練習（圖84—圖87）。

【意守穴位】

承山穴。位置在小腿後面正中，委

圖84

　　圖85

　　圖86

　　圖87

中與崑崙之間，當伸直小腿或足跟上提時，腓腸肌肌腹下出現尖角凹陷處。

【功效】

有疏通腿部經絡，使氣血暢達於腳梢的作用。對年老體弱和內氣不足引起的腿腳發涼、肌肉疼痛、神經痛、腿腳麻木、關節炎、行走不便等病症尤為有效。

【重點提示】

練功者做此動作如有困難時，可以坐著練習。

練習本功法時，經常練習到足部的「湧泉穴」。故此，改為練習腿部的又一重要穴位「承山穴」。

第七節　小周天功

小周天功法開始時，以鼻吸氣，小腹逐漸內收，同時提肛、提會陰、提氣，以意領氣，循督脈路線上行，從會

陰起經尾閭、命門、夾脊、大椎、玉枕過頭頂百會穴後，此時要注意舌抵上齶，能起到任督二脈相貫通的作用，氣功術語稱之為「搭鵲橋」。然後以意領氣由百會穴向下，降至內氣接通任脈後，這時舌尖抵下齶，隨呼氣鬆腹、鬆肛、鬆會陰，接著就像嚥食物一樣將氣嚥下，經胸中丹田降至下丹田處，以意領氣沿任督二脈循環一周。這就是氣功中所說：「小周天循環功法。」

一、畫龍點睛

【動作一】

無極起勢。雙手握於太極棒前半部，太極棒尾部貼頂於丹田處，隨太極棒慢慢向丹田施加壓力，腹部隨之漸漸內收，身體上部隨之而合。此時為吸。意想肚臍似貼於後腰命門處（圖88）。

【動作二】

隨太極棒緩緩放鬆後，腹部及身體上部漸漸恢復到原狀。此時為呼。反覆練習。

【意念】

第一步，意想丹田內氣受壓力作用的影響，以意導氣在丹田內前後運動，為以後丹田內氣鼓蕩打下基礎。第二步，促進內氣從命門上行，循環於小周天。

【功效】

練習此動作對丹田有加壓的作用，可促使內氣在丹田內前後運動，為「丹田鼓

圖88

圖89　　　　　　　　圖90　　　　　　　　圖91

蕩」打下基礎，並有促使內氣疏通夾脊關玉枕和循環於小
周天之功效。

【重點提示】

此動作與小周天功法相互配合練習，有互相促進之功
效。

二、周天行功

【動作】

無極起勢。兩腳與肩同寬，雙手持太極尺橫放於腹前
一尺左右，在慢步向前進時，每走一步太極尺由下而上立
圓旋轉一圈，身體相隨而動（圖89—圖91）。

【呼吸】開時為吸，合時為呼。

【意守部位】守脈於小周天。

【意念】

意想內氣沿督脈上行，經會陰、尾閭、命門、夾脊、

大椎、玉枕、百會、祖竅至鵲橋，然後順任脈而不行，從鵲橋、重樓、絳宮、丹田返回會陰。

【功效】

小周天功是道家主要練功方法之一。它分幾個進程，煉精化氣，煉氣化神，煉神還虛，虛至虛靈等等。而小周天功法是煉氣化神的第一步進程，內氣循環於任督二脈一周為小周天功。

【重點提示】

練習此動作時要注意舌抵上齶，是為了讓督脈之氣與任脈順利相連接，舌抵上齶起著貫通任督二脈的作用。氣功術語稱之為「搭鵲橋」。小周天功是在修煉順式循環的基礎上，再進一步修煉逆式循環的功法。

第八節　氣闖三關

何為三關？三關是指修煉氣功到小周天階段時，氣沿督脈路線上行，有三處不易通過之處，所以稱之為三關。《金丹大成》書中論背後三關：一為水火之際尾閭關；二夾脊曰轆轤關；三腦後曰玉枕關。

一、氣通尾閭關

【動作一】

無極起勢。雙手持棒兩端內側橫放於身體背後臀部尾閭處，然後雙手持太極棒由尾閭處儘量向背上部帶引胳膊

圖92

圖93

至自然直；同時上身變弓身向下並配合提肛、提尾閭。此時為吸（圖92、圖93）。

【意念】

意念外導內引，以呼吸配合動作，使內氣順利通過尾閭關。

【動作二】

雙手持太極棒緩緩回落，隨直腰起身緩緩恢復至初始動作。此時為呼。反覆練習。

【意守部位】

尾閭穴位置於脊椎骨的最下端，上連骶骨，下端游離，在肛門的後上方，該處有長強穴。

【功效】

以此練習方法幫助內氣疏通導引通過督脈上的第一關，並有強腰健腎之功效。

圖94　　　　　　　　　圖95

【重點提示】

做此動作時，還可配合使用太極棒或手部按摩刺激尾閭穴的方法，以協助疏通此關。如練習者患有血壓高、頭昏、頭痛病症，練習此動作時應注意，如有不適可改練其他動作。

二、氣通夾脊關

【動作一】

無極起勢，右手握太極棒一端內側，由右肩而下，左手從左肋部後向上接住太極棒另一端，然後雙手旋轉太極棒，摩擦按摩疏通夾脊至大椎經絡穴位（圖94）。

【動作二】

然後再換手練習，左手持太極棒一端內側，由左肩而下，右手從右肋部上接住太極棒另一端，然後旋轉太極棒，自然呼吸（圖95）。

【意念】以意領氣順利通過夾脊穴沿督脈上行。

【意守部位】

夾脊穴位於背部第十四椎上，即仰臥時正常兩肘尖連接線正中處。

【功效】

以此方法幫助疏通夾脊關，促使氣沿督脈順利上行。對肩背疼痛等方面諸病，有較好的防治作用。

【重點提示】

如練習此式內氣沿督脈上行有困難者，可根據自己具體練功情況，檢查一下問題所在，一是丹田內氣是否充足圓滿，二是否到了練習小周天功的「火候」階段，三如確實到了練習小周天階段，可配合練習氣闖三關的動作來幫助疏通小周天。

三、氣通玉枕關

【動作一】

無極起勢。雙手心持太極棒兩端，太極棒中心點擺放在頭部的玉枕穴，然後低頭彎腰弓身儘量向下，並配合提會陰、提肛、搭鵲橋的動作，此時雙手稍微用力壓住玉枕穴。待動作到位後，內氣湧入至此時即放鬆太極棒的按壓，使內氣順利透過此關與任脈相接通。此時為吸（圖96、圖97）。

【意念】

意念與動作配合領氣上行通過最後一關，並與任脈相接通。

圖96   圖97

【動作二】

直腰抬身恢復到初始動作。此時為呼。

【意念】以意領氣下行達於丹田。

【意守部位】

玉枕穴位於頭後部，正當仰臥後腦著枕處。玉枕穴是在兩側風池穴連線中點上方。此為三關中最不易通過之處，故又名「鐵壁」。

【功效】疏通玉枕關，使氣循督脈上行與任脈相接通。

【重點提示】

在練習小、大周天功法時，內氣上行於督脈，如有受阻、不易通過的情況，可配合練習氣闖三關的動作方法，以幫助疏經導氣通三關。如果在練習小、大周天功法時，內氣能夠順利自如地通過此三關，而沒有遇到任何阻力障礙，則不需要再練習氣闖三關的功法動作了。

如練習者有血壓高、頭昏、頭痛病症應注意，練習此動作時如有不適，可改練其他動作。

圖98　　　　　　圖99　　　　　　圖100

第九節　帶脈功

一、磨盤功

【動作一】

無極起勢。左腳在前，右腳在後，兩腳相距一步，身體重心在右腿，雙手持太極尺兩端橫放於腹前。然後雙手持太極尺由左向右平腰旋轉，鬆臂墜肘，旋胯轉腰，身體重心逐漸移至左腿形成弓步。此時為吸（圖98、圖99）。

【動作二】

上動不停，繼續向右旋轉，以手領腰、以腰帶手旋轉一周後，身體重心逐漸過渡至右腿，恢復成初始動作。此時為呼（圖100）。如此反覆練習後，再換腿換方向練習。

【意念】

（1）以丹田為中心，意領丹田之氣內旋。

（2）在丹田之氣內旋的基礎上，逐漸擴張至腰部的帶脈旋轉。

（3）以兩手為外圈，以腰部帶脈為內圈，以中丹田為軸心，逐漸形成兩手的氣圈和帶脈的氣圈相合於中丹田圓心而合一。

【功效】

氣通帶脈，健腎強腰，促進精氣轉化。

【重點提示】

磨盤功是修煉氣通帶脈的功法，練功時要求做到以手領腰，以腰帶手，手旋，腰旋，腿旋，氣旋，內外合一。一動無有不動之處，一旋無有不旋之處，全身上下內外同步運轉。

二、玉帶纏腰

【動作】

無極起勢。兩腳站立比肩略寬，兩腿微屈，雙手心持太極尺兩端於腹前一尺左右。雙手旋轉太極尺走小圈由右向左順帶脈路線儘量向左身後運行，身體相隨，眼視太極尺（圖 101、圖 102）。

【意念】意想內氣沿帶脈由左向右旋轉一周。

【動作二】

由左向右順帶脈路線儘量向右身後運行。自然呼吸（圖 103）。

圖101　　　　　　　圖102　　　　　　　圖103

【意守部位】

守脈內氣循環於帶脈。

【意念】

氣從丹田出發，沿腰間帶脈循環一周。

【功效】

氣通帶脈時，好像一條串著的圓珠在腰間旋轉滾動，此感便是氣通帶脈。有強腰健腎之功效。

【重點提示】

做動作時要均勻圓活，不能忽快忽慢。

人步入中年以後，從某種程度上表現出精力衰退等現象，這是腎臟、泌尿、生殖系統機能產生衰退的表現，中醫學稱此種狀態為「腎虛」。練功時尤其男士，更應當注意恢復調節腎臟功能的作用，以利於煉精化氣。

第十節　六合行功

六合是內三合與外三合的總稱。何為內三合？心與意合、意與氣合、氣與勁合為內三合。而心與目合、脾與肉合、肺與膚合、腎與骨合、肝與筋合又稱內合。

何為外三合？手與足合、肘與膝合、肩與胯合為外三合。而頭與手合、手與身合、身與步合又稱外合。

內外合一，上下相隨，所謂「一」者就是自頂至足，四肢百骸內有腑筋骨，外有肌皮肉，內外相合歸於一。一動無有不動之處，一合無有不合之處。五臟六腑身肢百骸，精氣神意悉在其中貫歸為一。而又上動下隨，下動上領，上下動而中部相應，中部應而上下相合、內外相合、前後相需、左右相繫、上下相隨、周身一家、渾然一體。

一、順式相合

【動作一】

無極起勢。兩腳與肩同寬，雙手持太極棒兩端外橫放於腹前一尺左右，先邁右腳，向前一步，同時右手引動太極尺緩緩向下行，左手在上相隨，身體及重心緩緩下降，重心由左腳逐漸過渡到右腳。定勢時右手與右腳順勢相合，此時為呼（圖104、圖105）。

【動作二】

接上勢，左腳跟步放於右腳旁，前腳掌著地為虛步。

圖104　　　　　　圖105　　　　　　圖106

左手同時引動太極尺由上轉換為下，右手由下轉換為上相隨，身體及重心緩緩向上。此時為吸。然後，左腳向前一步，左手引太極尺向下運行，右手在上相隨，身體重心緩緩下降，由右腳過渡到左腳，定勢時左手與右腳相合。此時為呼（圖106）。

【意守部位】

守脈內氣同時達至勞宮竅和湧泉。

【意念】意與氣合，氣與形合。

【功效】右手與右腳相合，左手與左腳相合。右肘與右膝相合，左肘與左膝相合。右肩與右胯相合，左肩與左胯相合（外三合）。心與意合，意與氣合，氣與形合（內三合）。

【重點提示】

要逐步達至意到氣到，氣到動作到，表裏一致，內外合一的練功效果。

　　　圖107　　　　　　圖108　　　　　　圖109

二、交叉相合

【動作一】

　　無極起勢。兩腳與肩同寬，雙手心持太極尺兩端處橫放於腹前一尺左右，先出右腳慢步前行，身體重心逐漸過渡到右腳，同時左手引太極尺緩緩向下運行，右手在上相隨，定勢時左手與右腳交叉相合。此時為呼（圖107、圖108）。

【動作二】

　　接上勢，左腳步放於右腳旁，前腳掌著地為虛步，右手由上轉換為向下，左手同時由下轉換為上相隨，身體重心緩緩向上。此時為吸。然後，右手引太極棒向下運行，左手在上相隨，身體重心緩緩下降，由右腳過渡到左腳，定勢時右手與左腳交叉相合。此時為呼（圖109）。

　　【意守部位】守脈內氣同時達到勞宮和湧泉竅。

　　【意念】意與氣合，氣與形合。

【功效】

右手與左腳相合，左手與右腳相合，左肘與右膝相合，右肘與左膝相合，左肩與右胯相合，右肩與左胯相合。心與意合，意與氣合，氣與形合。

【重點提示】

做此動作時要逐步達到意到氣到，氣到形到，內外一致，表裏如一。

第十一節　大周天功

大周天功是在小周天功得到鞏固的基礎上更深一步的修煉方法。旨在將內氣延伸到上下肢的梢節部位。有行功和靜功兩種，具體要領如下。

先呼氣，將氣沉入丹田，小腹隨之鼓起，再將氣下沉到會陰處，然後氣分成兩股，沿大腿和小腿的內側足三陰經直下足心湧泉處。呼氣盡後改為吸氣。小腹隨之漸漸收縮，舌抵上齶，以意領氣從足心湧泉穴向上引，沿小腿大腿外側的三陽經上行至環跳穴合二為一合於會陰竅，然後提肛提會陰，沿督脈路線上升至大椎部分為兩股，一股直連頭頂百會穴，注意舌抵上齶，當督脈與任脈相接通後，隨呼氣，以意領氣循任脈而下，經胸腹氣沉丹田；另一股沿胳膊的外側循手三陽經通達肩、肘、手梢節。然後內氣沿胳膊內側循手三陰經手、肘、肩在胸部而合二為一，並與沿任脈下來之氣在胸部匯合成一股後，繼續沿任脈而下

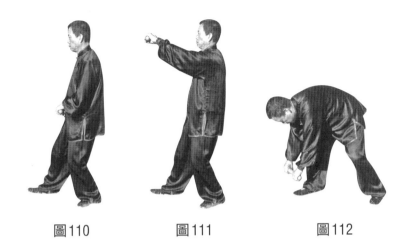

圖110　　　　　　圖111　　　　　　圖112

達至氣沉丹田，這就是氣功中的「大周天循環功法」。

一、搖　轆

【動作一】

　　無極起勢。右腳在前左腳在後，兩腿相距一步，身體重心在左腿。雙手心向下握太極棒中心處，橫放於腹前。然後雙手引動太極棒由腹部向上經胸前、頭前運行。此時身體重心由左腳逐漸過渡到右腳形成前弓步。此時為吸（圖110、圖111）。

【動作二】

　　上動不停。雙手引動太極棒由上向下行，彎腰弓身，雙手持太極棒接近於腳面後，再沿腿向上行，旋轉一周，身體重心從右腳逐漸轉換到左腳，恢復至初始動作。此時為呼（圖112）。如此反覆練習後再換腿練習。

【意念】以太極棒引動內氣在體內由頭至腳循環一周。

圖113　　　　　　　圖114　　　　　　圖115

【功效】

此動作是修煉大周天循環功法，體會感知「身如車輪，氣如球」的練功功效。

【重點提示】

練習此動作時應注意做到在形圓的基礎上達至氣圓，內外合一，表裏一致。在順式循環的基礎上，再修煉逆式循環功法。

二、眞人指路

【動作一】

無極起勢。雙手握於太極棒下半端，將之豎立於胸腹前一尺左右。目視前方，雙手引動太極棒由胸腹前緩緩向前上平行引伸，達至胳膊自然直、與肩平行，身體逐漸向前弓身相隨。此時為吸（圖113、圖114）。

【意念】

隨雙手持太極棒向前平行引伸時，意想內氣起於雙

足，沿身體後面向上運行，經背部、胳膊達於雙手，相合於太極棒頂端。

【動作二】

將雙手臂放鬆，按原路線緩緩回落，身體相隨而動，收至初始動作。要保持立身中正，上下一條線。此時為呼（圖115）。反覆練習。

【意念】

隨雙手臂放鬆按原路線緩緩回落的同時，意想氣由太極棒頂端返回，經手、肘、肩達於胸前、腹前，再下行於中丹田後經腿前達於雙足。

【功效】

此動作是修煉大周天循環功法之一，氣起於腳、行於身、達於手，往復循環自轉，上下貫通，氣合一點。

【重點提示】

以棒領身，以意引氣，意到氣到，動作同時到，內外合一周天運行。

【名詞註解】道家內功修煉最上乘者稱為「真人」。

第十二節　纏絲功

纏絲功是練習太極棒內功既科學又獨特的訓練方法。所以練習太極棒內功須明纏絲功，不明其理就不懂其法，只懂纏繞而不修煉纏絲內功乃捨本求末。什麼是纏絲功？纏絲功是隱於體內、入於骨縫、循經走脈、纏繞運行而流

布周身的一種內功。怎樣求纏絲功？外循螺旋內合纏絲，使螺旋之外形合於纏絲之內氣，久而久之即可形成混元之氣。內纏外繞，外呼內應，互為表裏，以獨特的纏絲功法結合內氣的導引，使練習氣功時達到表裏一致、內外相合、周身一家，久久練習即可形成纏絲內功。

內功是纏絲功形成之基礎，纏絲功是圓形運動法則，運用於外是螺旋運動，隱於內則是纏絲內功。

太極棒內功的螺旋纏繞運動，是在思想意識指導下以內功為動力，透過旋轉摧動外形，形成圓形或弧形運動，以達到身體各部位的虛實轉換，是纏絲功精華所在。纏絲功中的纏絲大致分為裏纏、外纏、大纏、小纏、左纏、右纏、上纏、下纏、前纏、後纏、正纏、斜纏等表現方式，但歸納起來可分為兩種：一是順纏，二是逆纏。

小指由上向下，大拇指由下向上合為順纏；反之大拇指由上向下，小指由下向上領動為逆纏。以肘關節而言，肘關節向外開，勁力向外走為逆纏；肘關節向裏合，勁力向內走為順纏。身體及腿亦是如此。運動時都要做螺旋式纏繞而形成圓形運動。大家知道圓形承受力最大，受阻力最小。因為圓形運動可以改變外來力及自身的角度和方向，還可以改變運動速度。

練習纏絲功有以下幾個轉變過程，先練由大圈至中圈，再練由中圈變小圈，直至達到有圈而不見圈、有形而不見形的精深功夫。這樣纏絲功運用在推手技擊上就能達到力發一點，點點透骨了，這是纏絲功高深功夫的表現。打一比喻，如果我用2500克重的棉被來打你，你不會感到

害怕會傷害到自己，反過來我用同樣重的2500克鐵砣來打你，你就會馬上意識到身體或生命受到威脅了。這是什麼原因呢？這就是同樣的重量只因為體積變小而力量集中了，所以會在小的體積上產生出巨大的能量與穿透力。

這樣的效果運用於太極推手中叫力發一點、點點透骨。它在推手技擊搏爭之中，能起到以小力破大力、以弱勝強、四兩撥千斤的作用。所以此功法是練習太極棒內功的重要技術，也是訓練太極推手技術的基本功。

纏絲功能夠使全身內外一動無有不動之處，在同一時間內綜合地完成神經、呼吸、循環、經絡、肌肉及五臟百骸系統的鍛鍊。堅持練習纏絲功又可內練精氣神，外練筋骨皮，通過經絡入骨髓，氣達周身，逐漸形成一種混元氣。在練習太極棒氣功時可處處體現圓形運動，使頭、胸、腰、腹、臀、肩、肘、腕、膝、足處處纏絲，全身上下18個關節部位形成18個小球，多方位的同時順逆螺旋纏繞，從而使全身成為一個動靜相兼、開合相變、內外合一、上下相隨、周身一家、混元一體的由18個小球組成的一個大的太極球。

纏絲功技術運用於推手技擊時，就能一動一太極，一觸即旋轉。快觸則快轉，慢觸則慢轉。形未動意先動，彼微動己已轉，一動無不動，陰陽虛實變換自在其中。旋轉時陰面為引空，陽面為進擊，稱之為引進落空合即出。形成化中有發、發中有化的亂環圈。又由於丹田呼吸練成的先天之氣，使太極球中充滿了混元氣，周身形成一種氣膜，神氣護體內功渾厚，使之破之不開撞而不散。發動時

丹田內氣鼓蕩，能在接觸點上形成有彈簧勁或崩勁的亂環圈，勁發一點，點點透骨，而攻無不取，無堅不摧，運轉自如後隨心所欲，臨陣交手，彼如臨旋渦之中，而我如同不倒翁而立於不敗之地。

練習纏絲功非常注重腰脊的螺旋纏絲，胸腹的折疊開合又是練功中的一個突出特點。在腰脊螺旋升降運轉之中，胸腹相開由裏而外為逆纏，胸腹相合由外而裏為順纏。練功時的每一招每一勢總是以腰脊的螺旋纏繞開合折疊主宰全身肢體的螺旋變化。或一順一逆，或雙順雙逆，或順纏左下合，或逆纏右下開。右胸和左腹斜向相合相開，渾身俱是纏絲勁，似蛟龍左旋右轉，似麻花亦絞亦擰，似旋渦湍流急轉，又似大海波濤翻滾。運化全在胸腹之間，胸為乾腹為坤，兩卦大體陰陽，是以身軀的纏繞運化最為重要，纏絲內功皆源於此。故拳經云：「渾身俱是纏絲勁，大約裏纏、外纏，皆是隨動而發。」「其勁發於心內，入於骨縫，外達於肌膚。」

五臟藏於胸腹，經絡源於五臟，心為一身之主，腹為內氣之源，腰為發動之機，胸為運化之府，脊為督氣之徑，腹為運氣之道。練功時如氣海不做吸引，胸腹不做開合，則中氣就不能達於丹田，經脈也難以溝通。故外則透過腰脊的螺旋運轉，胸腹的折疊運化來帶動肩、肘、腕、膝、足和項的螺旋運動，由頭頂至足上下相隨，螺旋升降，一動無有不動之處，一纏無有不纏之處而形成18道螺旋之圈。內則以心神為君，腎間動氣發於丹田，貫於經絡，行於血脈，入於骨縫，達於四梢。纏繞運行使之周流

圖116　　　　　　　　圖117

全身而又復歸丹田。其重要者即氣不離丹田、心息相依、息息歸根、根在丹田、收在丹田。諸靠纏繞心身一家，可練至一粒混元氣，形成一股而非幾股的纏絲內勁，可見內纏外繞最為重要，也最為基本。

　　要想明其理、懂其法並應用之，須有經驗的老師指導引路，再經過長期認真刻苦研練，功到自然成，一定能掌握並運用好纏絲功，將會使氣功水準有更進一步提高。

一、烏龍攬柱（上盤）

【動作一】

　　無極起勢。雙腳站立比肩略寬；雙手心向上橫握於太極棒兩端內側，距胸腹前一尺左右。然後右手旋擰太極棒沿右肩引伸向上，左手在後相隨，身體重心逐漸過渡到右腿，身體各部位也同時螺旋纏繞相隨。此時為呼（圖116、圖117）。

【意念】

氣走螺旋循三陰經達肩肘手梢；
意到氣到，氣到勁自然到。

【動作二】

右手持太極棒螺旋回轉，左手相
隨，身體各部位也相隨重心向下螺旋纏
繞回落至初始動作。此時為吸。然後再
練習左手，動作要領一致（圖118）。
反覆練習。

圖118

【意念】

氣循三陰經而下，經手、肘、肩、胸復回歸丹田。

【功效】

透過練功時手臂及身體的螺旋纏繞式運動，有強筋、
易骨、易髓的作用；並有助於技擊擒拿及破壞對方擒拿和
增強手臂功力之效。

【重點提示】

練習此動作時，在太極棒帶動下進行螺旋纏繞時，注
意全身十八個關節部位要同時運轉，上下相隨，內外一
致，周身一家。

二、烏龍攪柱（下盤）

【動作一】

無極起勢。兩腳站立比肩略寬，雙手心向上橫握太極
棒兩端內側，距胸腹前一尺左右。然後右手旋擰太極棒引
伸而下行至右膝外側，左手相隨在上，身體各部位相隨螺

圖119　　　　　　圖120　　　　　　圖121

旋纏繞式下降重心，重心逐漸過渡到右腿。此時為呼（圖
119、圖120）。

【意念】守脈內氣達至勞宮竅。

【動作二】

右手持太極棒向回旋轉，左手相隨，身體各部位也相
隨向回螺旋纏繞至初始動作。此時為吸（圖121）。

【意念】氣歸丹田。

【功效】如前。

【重點提示】在做此動作螺旋纏繞時，要注意六合。

三、白猿獻果

【動作一】

無極起勢。兩手心向上握在太極棒兩端內側，距腹前
一尺左右。然後右手引動旋擰太極棒向身體前方與肩平行
引伸，至胳膊自然直，左手在後相隨，身體隨之緩緩前

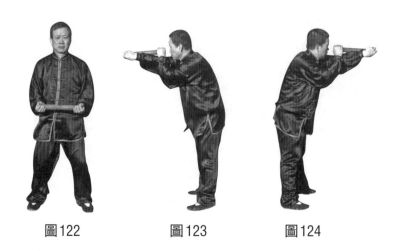

圖122　　　　圖123　　　　圖124

探；眼視太極棒頂端（圖122、圖123）。

【意念】

隨太極棒帶動胳膊進行纏繞引伸的同時，意想內氣同步纏繞運行，內氣由丹田出發，經命門、夾脊上行，循手三陽經達至肩、肘、手。

【動作二】

右手持太極棒呈螺旋回轉，同時左手相隨按原路線返回至初始動作。自然呼吸，然後換手（圖124），如此反覆練習。

【意念】

隨動作放鬆螺旋纏繞時，意想內氣也纏繞回落，循手三陰經胸前返回丹田。

【功效】

螺旋纏繞，助通經絡，增強韌帶，強筋易骨，氣成一點，點點透骨。

【重點提示】

身體各部位一動俱動，十八個關節部位同時運轉，如同組成一個大的太極球在運轉。要用意不用氣，用氣不用力，用力則斷，用氣則滯，用意則通，貴在精神意念。

第十三節　中氣功

練習中氣功，初始階段要處處求立身中正，內氣運行自百會至會陰上下一線穿，貫通兩極。待中氣充足後達到後天功轉先天功時，便會感到頭頂囟門處開啟，如同嬰兒的「天靈蓋」一樣（即囟門）隨先天呼吸和內氣的運行一開一合而上下啟動。

氣由下向上行時為吸，囟門處如同洞穴一樣，隨囟門開啟內氣如同流水般湧入囟門後，隨呼氣由上丹田，經中丹田直貫下丹田後囟門封閉。如此反覆循環。

修煉至中氣功時，每當意守勞宮穴時也會同樣感到內氣如流水般順胳膊湧入勞宮穴，意守湧泉穴時也是如此。此時內氣產生一定能量的衝擊波，每當內氣達到勞宮穴和湧泉穴位時，便會感到此處穴位有鼓動顫感，隨內氣的增強，這種衝擊波動律會越來越強。

以上是修煉至中氣功階段時五心歸一的表現，是後天功轉先天功的重要轉折點和標誌。此階段是修煉易骨易髓的功法，內氣走中腔。

一、道童撞鐘

【動作一】

無極起勢。右腳在前，左腳在後，腿彎曲，兩腳相距一步，身體重心在左腿。右手心向上，左手心向下握於太極棒兩端內側，橫放於中丹田前。然後雙手引動太極棒向前運行，身體相隨而動，身體重心由左腳過渡到右腳。此時為呼（圖125、圖126）。

圖125

【意念】

隨太極棒帶動身體向前運動時，與呼氣相配合，使腹部自然向前放鬆時意想內氣由命門達到肚臍。

【動作二】

雙手帶動太極棒由前向後按原路線返回，身體及重心相隨而動由右腳過渡到左腳，恢復到初始動作。此時為吸。如此反覆練習。

圖126

【意念】

隨太極棒帶動身體由前向後按原路線返回時，此時要配合吸氣的方法，將肚臍輕緩地往裏吸，直吸到不能再吸時。意念上覺得肚臍似與命門相貼，意想內氣從肚臍到命

門，反覆練習可使丹田內氣形成前後自然鼓蕩。

【功效】

此動作修煉到一定程度後，如同古式座鐘的鐘擺，開始先用手導引它擺動起來，以後它就會自行運動一樣，此動作修煉至一定程度後，即使在不做動作時，只要意念導引，中丹田的內氣就會產生自發運動。練習氣功出現此種現象，氣功術語稱為「丹田鼓蕩」。待功夫更進一步提高後，每當練習此動作時，隨意念導引和動作的前後運動，可感觸到丹田內似有「氣球狀物」在丹田內有前後撞擊之感。

圖127

【重點提示】意到氣到，氣到動作到，內外合一。

二、返老還童

【動作一】

無極起勢。雙手握於太極棒中心部，豎立於胸腹前一尺左右。隨雙手持太極棒緩緩引動向上行至頭上方，身體及重心相隨向上。此時為吸（圖127、圖128）。

【意念】

隨雙手持太極棒由下向上行，意想內氣由下丹田會陰處走中腹，向上行經中丹田至上丹田囟門處。

圖128

【動作二】

雙手持太極棒由頭頂上方迅速下
落至下丹田處，身體相隨，重心下
降，腿彎曲；兩目微閉內視。此時為
呼（圖129）。如此反覆練習。

圖129

【意念】

隨雙手持太極棒由上向下迅速下
落時，意想內氣走中腔由上丹田囟門
處向下貫注於下丹田會陰處。

【功效】

此動作為中氣功修煉法，是練習後天功返先天功的修
煉方法。修煉氣功達到此階段時，可感到內氣向上行至囟
門隨太極棒導引向下，內氣走中腔由上而下貫注至下丹田
會陰竅。中氣功修煉到較深程度時，每當練習此動作便能
體感到似有一球狀物由上向下砸的感覺。古代氣功術語稱
之為「砸丹田」。

【重點提示】

做此動作時，應注意身體自始至終要保持立身中正、
上下一條線，這是貫通中氣的保證。

第十四節　混元氣功

待修煉氣功至混元氣階段時，已打破了以前內氣循經
走脈氣通經絡的運行格式。混元氣運行時如同發洪水一

圖130　　　　　　　圖131　　　　　　　圖132

樣，已不受江河渠道所控制，而是隨意念大面積地運動。此時引其氣自上而下直貫三丹，感到身體如同頭頂藍天腳踏大地，如撐天柱般（氣柱）連接天地之間。存想天之氣如甘露下降，地之氣蒸騰升起，天地陰陽二氣相交，身體漸漸被溶化於茫茫氣海之中，天、地、人與宇宙茫茫混元一體。無形無象，混混沌沌、空空洞洞，虛靈至極。

一、撼天柱

【動作】

無極起勢。兩目微閉，兩手立握於太極棒中心處，距胸腹一尺左右，然後雙手引動太極棒從左向右劃立圈一周，全身及重心相隨旋轉。如此反覆練習後再換方向練習。自然呼吸（圖130—圖132）。

【意念】

（1）意想「上封天門」「下閉地戶」，意是在「內

氣不出，外氣不入」的情況下（道家氣功稱之為封爐）。

（2）透過太極棒導引劃立圈旋轉時，意想帶動身體和內氣同步運轉。

【功效】

透過太極棒旋轉帶動身體及內氣同步運轉，修煉至混元氣階段時，能體感到體內之氣已不受經絡所控制，當內氣運行時如同洪水暴發一樣鋪天蓋地而來又鋪天蓋地而去之內景。

以前比喻經絡如同江河小溪，穴位如同村鎮。當修煉至混元氣運行時，它如同山洪暴發吞併了江河小溪村鎮，到處是汪洋之水一樣。

【重點提示】

練習此動作時，體感身如圓形氣如風之功效。

二、聚氣成丹

【動作一】

無極起勢。雙手持太極尺兩端橫放於中丹田前一尺左右，太極尺中間球狀物對準肚臍處。然後雙手引動太極尺，由肚臍起開始由左向右轉，由內向外緩緩旋轉，要一圈比一圈擴大，直至擴大到不能再大為止。身體重心相隨進行陰陽轉換。自然呼吸（圖133、圖134）。

【動作二】

雙手持太極尺由右向左、由外向內緩緩地旋轉，要一圈比一圈縮小，直到縮小至肚臍內形成一點為止。身體重心相隨進行陰陽轉換（圖135）。

圖133　　　　　　　圖134　　　　　　　圖135

　　然後三性歸一地意守中丹田一會兒後，再進行收功。

【意念】

　　以意念配合動作引導內氣由肚臍處開始旋轉時，如同發射無線電電波一樣，一圈比一圈的擴大，直至擴大至不能再大為止。將氣的訊息傳導至全身各個部位。

　　然後，意念配合動作引導內氣由外向內緩緩地旋轉時，如同接受無線電電波一樣，由遠而近，由大至小地將內氣收歸於中丹田。直至形成一點為止。

【功效】

　　內氣由內向外傳導時，直至擴充到全身各個部位。內氣由外向內傳導時，意氣聚合於中丹田，直至形成一點。積氣成丹。

【重點提示】練習此動作時，要意圓、形圓、氣圓。

圖 136

圖 137

第十五節　收　功

一、單勢收功

【動作一】

每個單勢動作做完後，收腳與肩同寬，雙手心持太極棒或太極尺兩端鬆垂於腹前，然後雙手由體前上舉至頭頂上方。此時為吸（圖136、圖137）。

【動作二】

雙手持尺或棒由頭部上方緩緩向下，經胸前腹前恢復至無極勢，身體重心隨之向下降。此時為呼（圖138、圖139）。

【意守部位】中丹田。

【意念】

隨動作的導引，以意引氣將修煉時所得之氣降收蓄合

圖138　　　　　　　　　　　圖139

於中丹田。

【功效】

中丹田猶如一個蓄水池一樣只蓄不泄，越積累越多。

【重點提示】

單勢收功法是每當練習氣功單勢動作完成後，必須認真做的功法。

二、五氣歸元

【動作】

無極起勢。右手心貼於肚臍處，左手心疊在右手背上，以肚臍為中心，沿左上右下的逆時針路線，由小到大地緩緩旋轉36圈。然後換手相疊，沿右上左下的順時針路線，由大到小地緩緩旋轉24圈。自然呼吸。

【意念】

三性歸一靜守中丹田片刻，同時意想兩手勞宮之氣與

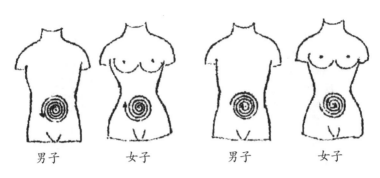

男子　　　　女子　　　　男子　　　　女子

圖140

丹田內氣相連通，以中丹田為中心，眼神心意內外合一地
圍繞中丹田由內而外、由小到大逆時針螺旋式轉氣，這叫
逆轉散氣。然後換方向，眼神心意引氣由外而內、由大到
小順時針螺旋式轉氣，周身之氣逐漸向中丹田聚集收歸竅
內，這叫順轉收氣。

　　女子的轉氣方法與男子相反。先左手在裏右手在外相
疊於肚臍處，沿右上左下的順時針路線，由小到大、由內
而外地螺旋式轉氣36圈。然後換手相疊，沿左上右下的逆
時針路線，由大到小、由外而內的螺旋式轉氣24圈。

　　【功效】

　　將練功時所獲得的集中於丹竅內的內氣先行散開，以免
淤積不適。然後再把丹竅散開的內氣與在練功中散發全身的
五臟精華之氣一起收歸到丹竅內儲存起來，混融合一。

　　【重點提示】

　　意想著丹田轉氣，眼睛內看丹田轉氣，耳內聽丹田轉
氣。內氣與手的轉圈要牽連著丹田這個圓心，一圈一圈地
擴散，一圈一圈地收攏。

第五章　氣功知識問答

練習太極棒尺內功與其他氣功有什麼區別，它的特點是什麼？

（1）練習太極棒氣功時，由於身有所依，心有所想，外導內引，可較快進入練功入靜狀態，改變徒手練功越想靜但越難入靜的狀況。

（2）手持太極棒尺練功時，由於刺激、按摩手腳身的經絡穴拉，能起到促進氣血疏通，循經走脈的練功效果。

什麼是每天必練的功法？

每天練氣功時，應先做降氣洗臟功，以排除體內濁氣、病氣。然後再進行採氣功功法的練習，因它有採氣、補氣練功功效。修煉者還可根據自己身體狀況或是根據自己修煉氣功到達的水準、階段，來選擇適合自己情況的其他一些功法來練習。練習完氣功後，認真做好收功也是很重要的環節。

什麼是氣功中的陽氣與陰氣？

氣功中的陰陽二氣表現規律如下：以自然界而言，天屬

陽，地屬陰；夏天屬陽，冬天屬陰；白天屬陽，黑夜屬陰。

以人體而言：體表屬陽，內裏屬陰；上身屬陽，下身屬陰；背後屬陽，胸前屬陰；手背屬陽，手心屬陰等。

以臟腑而言：六腑為陽，五臟為陰。

以經絡而言：循陽經內氣由內而外行至梢節為陽，循陰經內氣由外而內行至臟腑為陰。

以氣而言：練功時感到熱的、運動的、上升的、開的、由內而外的等等為陽，感到冷的、靜止的、下降的、合的、由外而內的等等為陰。

三才指的是什麼？

三才指的是天、地、人，上、中、下三丹田。

何為無極？

無極者，空空洞洞，混混沌沌，無端無形，無色無象，虛若無物，無一物而包萬物。

道經云：天下萬物生於有，有生於無。

易經云：太極者，無極而生，陰陽之母。

所以練功須從無極始，陰陽開合認真求。無極生太極，太極生兩儀，兩儀生四象，四象生八卦，八卦生五行，五行生形意，復歸太極生混元。故練氣功必先練無極，求混元須先求無極，不入無極圈，難成太極圈。

何求無極？靜站無極樁，內經云：「提挈天地，呼吸精氣，獨立守神，肌肉若一。」自己思慮冥心，摒除雜念，收心求靜。心靜神寧，神寧清靜，清靜無物，無物氣

行，氣行覺明，覺明則神氣相通。萬象歸根，合成一氣而達一片無極景象。

怎樣才算做到全身放鬆了？

練習太極棒尺內功，首先要調身，使周身內外各個部位放鬆。透過放鬆練習，使周身內外筋、骨、皮、肉、臟、腑和十八個大關節及全身的小關節節節鬆開，無有僵滯、阻塞之處，同時能感知內氣順暢流通於各個部位，方可算達到全身放鬆了。隨功夫的深入，放鬆的程度會有進一步的理解體會。

有人在練功時病區疼痛加重是怎麼回事？

有人在練功中有病區疼痛加重的現象，遇此情況時應予忍耐堅持，這是氣沖病灶的功效反應，不要疑慮。經過一個時期練功後，不僅病痛減輕，病情還會大為好轉。

個別人練功時或練功後，感到頭部不適，有頭暈、胸悶、氣能上不能下的現象時怎麼辦？

（1）其原因是由於掌握功法要領不當或是意念呼吸過重，與動作配合不協調等所致。

（2）過早地練習意守上丹田、百會、囟門等竅位。

（3）急於求成。在還沒有達到某階段「功夫火候」時，過早地提前練習下一步功法，這種拔苗助長式的練功方法也是造成此現象的原因之一。

練功遇到這種情況時，可調整意念為似守非守，似有

似無。意念、呼吸、動作注意密切配合，協調一致，就可預防此現象的發生。再就是按部就班紮紮實實練功，不要急於求成，所謂「欲速則不達」就是這個道理。

也可採用降氣法來幫助解決。其方法是：意守湧泉穴。雙手由下向上舉過頭頂，然後兩手心向下、指尖相對從頭上向下行至胳膊、手自然垂直，身體重心也隨之緩緩下降，腿微屈，隨動作用意念引氣由上向下降至湧泉穴，氣降得不能再降時為1次。反覆練習，即可解決頭暈、胸悶、氣能上不能下的現象。

練功爲什麼氣到病區時有痛感？

練習氣功氣運行到病區時，有時會感到疼痛加劇的練功現象，因為在病區處，經絡阻滯，氣血運行不暢通，這是氣沖病區所致，是好的練功反應。中醫理論認為，經絡不通則痛，經絡不通則病，待氣能夠順利通過病區後，不僅疼痛感消失，病情還會進一步得到緩解舒癒。

練習氣功時爲什麼有人會出現自發功現象？

練習氣功達到放鬆入靜到一定程度後，身體某部位由外動到內動或由內動到外動，甚至有全身不由自主地動起來的現象，這是練習氣功靜極生動自發功的表現。內動、外動的主要原因是體內陽氣發動之後，在身體內運行自我調節的反應。練功如出現此情況時，當動到一定程度後可以意識加以導引、控制。不動也不要去追求，更不要人為的動，當動到一定程度後運用意識來控制它。別人出現自

發功時，此時不應去打擾驚動他。

三焦指的是哪些部位？作用是什麼？

三焦是上焦、中焦、下焦的合稱。三焦功能主氣化。五臟六腑的調整完全靠氣血的運行，而氣血的運行主要靠三焦，三焦各有其經。

上焦：從心口窩到天突處為上焦，包括心和肺。上焦如霧，主宣發敷布，形容的是通過心肺功能，將水穀轉化成精氣後呈彌漫狀態輸布於周身，以充養筋骨、肌膚、百骸的作用。

中焦：從肚臍到心中窩為中焦，包括脾和胃。中焦如漚，主運化水穀，形容的是通過脾胃消化的食飲，吸收精微，使有營養物質化生津液，營血的作用。

下焦：從膀胱到肚臍為下焦，包括肝、腎、大小腸、膀胱等。下焦如瀆，主清濁，形容的是由大小腸、膀胱將新陳代謝後的糟粕排泄於外。

爲什麼要先練意守中丹田？

中醫理論認為，中丹田竅位通五臟六腑、十二經、十五絡，由於練功時先進行採氣功的練習，有補氣、養氣、積氣生精的作用，然後再進行精、氣、神轉化的練習，所以練習氣功時意守中丹田是築基法。

「搭鵲橋」意義是什麼？

「搭鵲橋」是氣功術語。練習氣功時要求舌抵上齶，

即為「搭鵲橋」。其意義是因上齶處有二孔，名為天池穴。舌抵此處起著溝通任督兩脈，使氣順利下行的作用。

什麼是「四門緊閉」？

「四門緊閉」是練氣功的一句術語，即「鎖心猿，拴意馬，四門緊閉練內功」。四門指眼、耳、鼻、口。四門緊閉，即以意封閉眼、耳、鼻、口的活動，練功時達到眼不外觀，耳不外聽，口鼻不外嗅的練功方法，目的是讓大腦的思維活動全部集中在意守部位。

三關九竅指的是什麼？

三關指的是練習氣功時，內氣沿督脈上升時不易通過的部位，尾閭、夾脊、玉枕稱之為三關。

九竅指的是練習氣功時的意守部位。下丹田、中丹田、上丹田、命門、會陰、兩手心、兩腳心稱之為九竅。

什麼是陽竅、陰竅、天門、地戶、中氣線？

陽竅：指內氣上升至人體最高點處，位置在頭頂囟門為中心的區域，稱之為陽竅（又稱天門）。

陰竅：指內氣下降至人體最低點處，位置在會陰為中心的區域，稱之為陰竅（又稱地戶）。

中氣線：陽竅與陰竅上下垂直線為中氣線。

封天門閉地戶之意是什麼？

天門指的是囟門處，地戶指的是會陰處。

封天門閉地戶之意，是修煉時用意念將上下封閉，其目的是在「內氣不出，外氣不入」的情況下修煉積氣成丹的方法。

竅呼吸與呼吸同步對嗎？

練功時意守丹田或意守竅呼吸時，有時會感到竅呼吸與呼吸同步，這是正常的練功反應，但不要有意將口鼻呼吸去配合竅呼吸，如果這樣就會影響自發的竅呼吸。

怎樣正確掌握竅呼吸？

掌握竅呼吸的要領是練功入靜後，忘卻鼻息，三性歸一守竅，即在意念的導引下，用意想丹田，用意看丹田，用意聽丹田，任憑竅位自己發動內氣鼓蕩。

練氣功時意守下丹田，男女練功效果一樣嗎？

練功時意守下丹田，男子主煉精，有生精煉精之功效，女子意守下丹田，先煉血，由血而轉化成精，然後再運行精、氣、神的互相轉化。

如何正確對待性生活與練功的關係？

練習氣功修煉人身三寶精、氣、神。氣足能生精，精足能轉化成氣，當氣運行後，二者的密切關係更加明顯。練功期間頻繁的性生活是會影響練功效果的，因此練功期間應節制性生活，才能收到良好的練功功效。

收功時爲什麼要正轉36圈反轉24圈？

練習氣功後收功時做正轉36圈是古代練習收功的一種方法，旨在培養丹田內氣形成球狀。從圓周率和圓形運動規律角度來分析是很科學的、合理的。反轉24圈，古代人認爲三是變數，是指上、中、下三丹田和精、氣、神的轉化；八指的是東、南、西、北、東南、東北、西南、西北八個方位。

爲什麼要遵守練功方向？

練功時應注意遵守練功方向，此方法練習的是無形的功效，無形的功效看不見、摸不到，往往爲練功者所忽視。待練功者內功水準達到較深層次後，方能體感到。例如，練功者的床位向南北方向，睡覺安眠效果好，早晨起來精神狀態佳。床位向東西方向，睡覺安眠效果差，早晨起來精神狀態不佳，其原理如同指南針識別方向一樣，地球的南北磁場在悄悄地起著作用。因此，練功者遵守練功方向，有猶如給電池充電一樣之功效。

古代氣功理論中講的元精、元氣、元神與先天之精、先天之氣和先天之神有什麼區別？

元是原本之意，指的是嬰兒未出生時的精、氣、神，氣功術語稱爲元精、元氣、元神。待嬰兒降生後，元精藏於腎，元氣藏於臟腑，元神藏於腦。所以氣功術語又稱爲先天之精、先天之氣、先天之神。

為什麼有些人同在一個老師的指導下，同時在練習一

個相同的氣功動作，但是功效反應上卻有差距？

學員在練習氣功時，雖然是在一個老師的指導下，同時在練習一個相同的氣功動作，但是，由於具體到每個人的健康狀況、氣功水準及「悟性」上存在著差距等原因，所以反應出來對氣功動作內涵的理解、認識、體感上存在著差異，是造成練功者功效反應不一的原因。

練習氣功時感到津液增多時怎麼辦？

津液是人體主要液體之一，有溫養肌肉，充潤皮膚，潤澤耳目、口鼻等竅位，滑潤關節，補益骨髓之作用。津液的新陳代謝是維持體內液體平衡與津（精）轉化成氣的重要環節。

倘若津液生成不足，像大汗、嘔吐、腹瀉、大出血或持續高燒之後，耗傷津液過多，就會產生皮膚乾皺，口唇燥裂，舌面無津，口乾舌燥，目澀，鼻乾，大便秘結，小便短少等一系列燥症。

由此可見津液之重要。所以練習氣功時，如有津液增多的現象時，一定要將其咽下，氣功術語稱此為「玉液還丹」。切記不可將其唾掉。

為什麼某些人感到有手腳發冷的現象，練習什麼功法可以改變此狀況？

這是由於某些人因身體虛弱、氣血供應不足、疾病或是由於年老體衰、生理機能減退等原因，造成氣血運行不暢，而不能通達於手腳梢節之緣故。透過練習本功法中的

採氣功、行氣功，具有補氣、增氣、加強內氣運行之功效。待體內內氣充足後，又能夠重新運行到手腳梢節時，手腳發冷便會得到明顯的改善或自然消失了。

修煉氣功達到高級階段，身體放鬆時什麼體會？

修煉氣功達到高級階段時的放鬆，則有另一番感受。打一個比喻，例如做飯和麵時，初級階段的放鬆，如同和死麵一樣，雖然是鬆軟的，但癱軟堆積在一起達到高級階段時的放鬆，不僅僅是形體上的放鬆，身體還會像發麵包一樣發起來，有內氣充斥周身、頂天立地的高大形象和充滿空間之感受。

練習氣功時有腸鳴和放屁的現象，是否正常？

練習氣功時有腸鳴和放屁的現象，說明透過練習氣功促進了胃腸蠕動能力，增強提高了胃腸的吸收消化功能和排濁能力。

「五行」指的是什麼？

五行指的是，「以自然界而言，金木水火土」；以臟腑而言，「心、肝、脾、肺、腎」；以步法而言，「進、退、固、盼、定」。

婦女修煉道家氣功與男子有什麼不同之處？

道家理論認為，由於男女生理構造不同，男子以精為寶，女子以血為基，所以女子修煉氣功比男子要多一個步

驟，男子練功時可直接煉精化氣，而女子要先煉血，待血昇華成精後，再進行煉精化氣的練習。

修煉丹田需要幾年的時間能練成？

修煉道家氣功達至中丹田成形，通常 3 年為小還丹——內氣微動；6 年為中還丹——內氣湧動；9 年為大還丹——內氣鼓蕩。道家稱修煉丹田之術「小則無病，大則升仙，9 年練成，得道結丹」。

選擇怎樣的環境練功？是否可以在室內練功？

練功時應選擇環境安靜，空氣清新，花草樹木多的地方，如遇天氣不好或冬季寒冷時，可在室內練功，但應注意保持空氣流通和空氣新鮮。

「五心歸一」指的是什麼？

「五心」指的是頭頂心，兩手心和兩腳心。「五心歸一」指的是五心之氣歸於中丹田，是練習道家氣功氣貫中腔氣氣歸根的技術方法。

氣功術語「五氣朝元」指的是什麼？

練功實踐總結出來的經驗，證實了練功時出現的一些生理變化是由於心、肺、肝、脾、腎五經的氣血充沛所產生的精華在發生作用。具體說，就是：心主脈，身上有跳動的現象，是心經氣足之故；肝主筋，身體上有抽筋或竄動的現象，是肝經氣血之精華在行動；脾主肉，身上有肉

跳等感覺,是脾經氣血之精華在行動;肺主皮毛,身上有如蟲爬發癢或氣流升降竄動,是肺經氣血在行動;腎主骨,運動時骨節作響和精足陽舉,是腎經氣血精華充足在發生作用。練習氣功出現的這些現象,氣功術語稱之為「五氣朝元」。

爲什麼太極拳和氣功相結合練習功夫會進步快?

拳諺云:「練拳不練功,到老一場空。」有許多人雖然練習太極拳幾年甚至長達十幾年,可是還不能體感到練拳時有內氣或內氣相隨而動,而感到「內功」進步不快。練習太極拳的同時結合練習氣功,能促進「內功」的進步,達到練習太極拳時,意到氣到,氣到動作到,內外合一的練拳功效。

練習氣功時不能入靜怎麼辦?

入靜是練習氣功的重要環節,練功時能否入靜,入靜的質量直接影響到練功的成效,所以練功時掌握好入靜的方法最爲關鍵,也是基本功。常用引導入靜的方法有以下幾種:

(1) **意守法**:練功時意氣守丹田或其他竅位,以幫助入靜。

(2) **數息法**:練功時默念自己呼吸的次數,一吸呼爲一次。

(3) **聽息法**:在數息法的基礎上,進而採用聽自己呼吸出入聲音的方法,以誘導入靜。

（4）**以動導靜**：練習靜功雜念叢生不能入靜時，可改為練動功，以動導靜。待能夠入靜了再練習靜功。

練習道家氣功爲什麼強調以時辰調節氣血？

因為氣血運行隨時間的變化而變化，尤其是晝夜的變易使陰陽發生變化，陰陽變化使氣血的運行隨之變動，這樣就形成了子午流注及氣機升降宣發的現象。所以循時練功對祛病、強身、增功效果更佳。

初級者可以練習高級功法中的動作嗎？

初級者是可以練習高級功法動作的，但是要和達到了練習高級功法的修煉者相比，所不同的是，初學者是有時雖然動作外形上看似做對了，但往往是只知其表，而很難達到高級功法動作中所要求的意到、氣到、動作到、內外合一的練功效果。這便是古人所總結出來的經驗。「練動作容易，練氣難，練氣容易，練功夫難」的道理。

初學者必須經過一定的時間練習後，只有深入到了內氣的層次，完成了由外而內的過程，達到了高級功法動作中所要求的「內形」運動，此時才真正地掌握了高級功法動作的運動規律。

練習氣功達到某階段後，想進一步提高水準，遇到困難的時候，怎麼辦？

當練習內丹功或外丹功達到某階段後，繼續修煉下一步的功法時，如遇到困難或阻力，難以提高進步的情況

下，此時應注意加強採氣功的練習。

因為練習採氣功有補氣、增氣之功效，有利於幫助功夫進一步的提高。加強採氣功的練習，有如同燒水未開之時，添火加柴一樣的功效。

婦女月經期間是否可以練功？

婦女在月經期間一般情況下是可以練功的，但應該相應地減少練功時間和減輕練功強度。如果練功後感到身體不適或出現經量過多的現象時，可暫停練功數日，待經期過後再練功。

修煉道家氣功三個重要的轉折點和里程碑指的是什麼？

第一個轉折點和里程碑指的是「由後天氣轉化過渡至先天氣，由後天呼吸法轉化過渡至先天呼吸法」。

第二個重要的轉折點和里程碑指的是由內丹功法轉化過渡至外丹功法。

第三個重要的轉折點和里程碑指的是非眼內視「覺明」階段，由原來的練功時用意內想，眼內視，耳內聽，「三性歸一」的意守方法，轉化過渡為意照，心照，神照，「三照歸一」為「光照」的修煉方法。

第六章　道家氣功功效研究

拍打功預防血栓形成的研究

近年來，我國的心腦血管血栓性疾病發病率增高，這類疾病已成為我國人口病亡的主要原因之一。因此，北京國際教學中心與幾家醫療單位合作，開展了拍打功預防血栓形成的研究。

一、實驗方法

（一）病例選擇：健康中老年人47例，高血脂症患者（包括腦血栓後遺症、糖尿病等高凝狀態者）185例。高血脂症患者隨機分成拍打功組105例，對照組80例。健康人體是拍打功組。

（二）全部病例於實驗開始前和3個月後實驗結束時，清晨空腹抽取靜脈血（要求抽血前3天內，服低脂飲食以免影響檢測結果）。

（1）用RIA法：測定GMP–140、TXB_2、$6–K–PGF_{1a}$。

（2）用螢光偏振法測定紅細胞膜流動性：螢光偏振度（P），微粘度（n）。

（3）用酶法測定甘油三酯（TG）、膽固醇（CH）、高密度脂蛋白（HDL）。

為保證實驗的一致性，（1）項檢測實驗前血標本取好後，放置-40℃低溫冰箱保存，等實驗結束後血標本取好再同時測試。

（三）拍打功組在我們的輔導下，每天上午和下午各練拍打功40分鐘，時間為3個月。

對照組服用酸肌醇脂片，每次2片，每天3次，時間3個月。

二、實驗結果

（一）拍打功組：GMP-140功前 18.53 ± 3.78ng/ml，功後 13.04 ± 2.59/ml。功後較功前明顯降低（$P<0.01$）；對照組：治療前 20.41 ± 9.34nl/ml，治療後 19.52 ± 8.76ng/ml，無明顯變化（$P>0.05$）；

（二）拍打功組：TXB_2功前 124.45 ± 32.68pg/ml，功後為 81.83 ± 25.73pg/ml，功後較功前明顯減少（$P<0.01$）；$6-K-PGF_{1a}$功前 $48.6816.39$pg/ml，功後 $47.5616.78$pg/ml，無明顯變化（$p>0.05$）；T/K 比值功前 3.02 ± 1.25，功後 1.97 ± 0.94，明顯降低（$P>0.01$）。對照組：治療前 $TXB_2152.574 \pm 37.548$pg/ml，$6-K-PGF_{1a}$ 為 44.649 ± 16.012pg/ml，T/K 比值 3.722 ± 1.242；治療後 $TXB_2703.329 \pm 379.869$pg/ml，$6-K-PGF_{1a}83.41 \pm 42.105$pg/ml，T/K 比值 8.67 ± 3.756，治療後均比治療前明顯增多（$P<0.01$）。

（三）紅細胞膜流動性。拍打功組：健康人功前P值

0.276 ± 0.017，功後 0.273 ± 0.017，功後較功前明顯降低（P<0.01）；n 功前 3.033 ± 0.457，功後 2.958 ± 0.449，功後略有降低但不顯著（P>0.05）；高血脂症患者功前 P0.281 ± 0.023，功後 0.267 ± 0.018；n 練功前為 3.22 ± 0.813，功後 2.8050.45，功後均較功前明顯降低（P<0.01）；而對照組治療前 P0.283 ± 0.028，n 值 3.337 ± 0.93；治療後 P0.297 ± 0.031，n3.868 ± 1.283，治療後均呈增加趨勢，但不顯著（P>0.05）。

（四）血脂（mmol/ L）。拍打功組：健康人功前 TG 值是 1.344 ± 0.358，CH4.7010 ± .0601，HDL1.227 ± 0.224；功後 TG1.097 ± 0.548，GH4.484 ± 0.751，HDL1.253 ± 0.312，功後 TG 明顯減少（P<0.001），GH 呈下降、HDL 呈上升趨勢但不明顯（P>0.05）。高血脂症患者練拍打功前 TG2.608 ± 0.77，CH5.115 ± 1.005，HDL1.086 ± 0.324，功後 TG1.435 ± 0.656，CH4.65 ± 0.906，HDL1.224 ± 0.304，功後 TG、CH 明顯降低(P<0.001)，HDL 明顯增加(P<0.01)。而對照組治療前 TG 2.278 ± 2.034，CH6.5 ± 1.407，HDL1.232 ± 0.479；治療後 TG 1.947 ± 1.103，CH4.87 ± 1.156，HDL1.147 ± 0.311，治療後 CH 明顯減少（P<0.001），TG、HDL 均呈下降趨勢但不明顯（P>0.05）。

三、討　論

a-顆粒膜蛋白（GMP-140）是血小板活化的特異標誌之一，它能特異而敏感地反映血小板活化程度。在血栓前狀態下 GMP-140 含量明顯增加。拍打功鍛鍊後 GMP-140

明顯降低，表明拍打功鍛鍊可使血小板活化程度明顯降低，而對照組無此作用。

血栓烷 A_2（TXA_2）是血小板花生四烯酸的主要代謝產物，它是一種強烈的縮血管物質，並能促進血小板聚集中誘發血栓形成。前列環素（PGI_2）主要由血管內皮細胞合成，它是一種強烈的擴張血管物質，是對血小板聚集最有效的內源性抑制劑。在正常生理狀態下，血中 TXA_2 和 PGI_2 處於相對的平衡狀態，以控制正常止血機制和防止血栓形成。假如血小板釋放 TXA_2 增加或血管內皮細胞產生的 PGI_2 相對減少，使 TXA_2 和 PGI_2 的比值增加，就會導致血小板聚集甚至血栓形成。我們透過測定血漿中 TXA_2 和 PGI_2 穩定的代謝產物 TXB_2 和 $6-K-PGF_{1a}$，發現練功後使 TXB_2 較功前明顯減少，$6-K-PGF_2$ 無明顯變化，T/K 比值明顯減少，進一步表明拍打功鍛鍊能有效抑制血小板的啟動，糾正血中 TXA_2/PGI_2 平衡失調，減輕血栓前狀態。而對照組則相反，TXB_2、$6-K-PGF_{1a}$、T/K 均較治療前增加，提示血栓前狀態加重。

紅細胞膜的流動性是維持紅細胞正常生理功能的必要條件。紅細胞膜流動性降低，使紅細胞變形能力減弱，從而影響血液的流動，促使微循環障礙的發生並易形成血栓。拍打功組功後 P 和 n 均較功前明顯下降，表明拍打功鍛鍊使紅細胞膜流動性增強，血液黏度降低，有利於血液循環和代謝，具有防止血栓形成的作用。而對照組則不具此作用。

高血脂症是心腦血管疾病的主要病理基礎之一。拍打功鍛鍊後取得了明顯的功效，可使 TG、CH 明顯減少，特

別是使 HDL 明顯增加，更有利於防止動脈粥樣硬化的形成。尤其是健康人練功後可使 TG 減少，CH 呈減少 HDL 呈增加趨勢，表明拍打功鍛鍊不僅可以治療高血脂症，同時還具有防止高血脂症發生的作用。而對照組雖能使 CH 明顯減少，但療效很不理想。

　　拍打功鍛鍊是我國傳統的醫療保健措施。綜觀本研究結果表明，拍打功鍛鍊可透過有效地提高紅細胞膜的流動性，調節血管內皮細胞功能和抑制血小板的啟動，加強體內脂質代謝來預防血栓形成。為血栓前狀態的防治開闢了一條經濟、安全、簡便的自我康復途徑。同時也為拍打功鍛鍊後微循環和血液濃、黏、聚現象得到改善，提供了血液分子狀態改變的依據，為拍打功鍛鍊祛病健身提供了新的科學證據。

道家氣功「從腎論治」之研究

　　道家氣功是中華民族優秀的文化瑰寶之一，也是中國醫學寶庫中的一顆明珠。幾千年來，中國道家氣功在養生保健、防治疾病、延年益壽、開發智力、增長內功等方面已經作出了很大貢獻。現在越來越受到國內外氣功愛好者和患者的青睞。關於氣功醫療作用的機理，目前正在進行廣泛研究與探索，我們根據近幾年來從事醫療氣功的臨床實踐，結合中醫理論，探討道家氣功「從腎論治」的觀點。

　　中醫所指的「腎」，不僅包括西醫解剖學中的腎臟，

而且也反映了泌尿生殖系統、神經內分泌系統、呼吸系統、運動系統和水液代謝等方面的某些生理功能及其病理變化，因此，中醫所指的「腎」涉及的範圍較廣，在人體臟器的功能方面頗為重要，在生命活動中具有某種特殊的地位。

一、道家氣功與腎的關係

　　道家氣功是透過調心、調息和調身三者密切配合，以內煉精、氣、神為主要目的，以放鬆、入靜為核心的自我身心鍛鍊的方法。道家氣功學把精、氣、神稱為人身三寶，將其視為構成人體生命活動的主要物質，精、氣、神三者之間相互依存，又相互轉化。這三者中精是基礎、氣是動力、神是主導。在道家氣功鍛鍊中特別強調首先要煉精，在練功過程中特別注重意守下丹田、命門穴和湧泉穴，這些意守部位都與加強「腎藏精」的主要功能有關。氣功鍛鍊還具有培育元氣、健腦益智的功效，促使人體身強力壯，記憶力增強，防治疾病，延年益壽。這裏所指的「元氣」，又名「原氣」、「真氣」，是人體生命活動的原動力。中醫認為元氣是從父母稟受先天之精氣，經腎的氣化作用和水穀精微的滋養而成。元氣能推動人體的生長發育，溫煦和激發各個臟器和經絡等組織器官的生理功能，是維持人體生命活動的最基本物質。在古代氣功文獻中，常把元氣寫作「炁」，所以元氣又稱為「原始祖氣」。人在出生之前，「炁」是推動胎兒內呼吸的主要動力，人在出生之後，「氣落丹田」成為「呼吸」之根。因

此，道家氣功鍛鍊主要能夠加強腎的氣化作用和提高大腦及大腦皮質的功能。這與中醫「腎藏精」、「精生髓，髓通於腦」、「腦為元神之府」的理論相符。

道家氣功鍛鍊強調疏通任督二脈，其中督脈以循行於身體背面正中線為主，屬腎絡腦，其主要功能有二：其一是總督一身之陽經，調節一身陽經的氣血運行，所以稱為「陰陽脈之海」；其二是反映了腎、脊髓和腦的功能。道家氣功鍛鍊能夠發揮督脈的生理功能，也加強了腎的生理功能。由此可見，道家氣功鍛鍊與腎的關係甚為密切，道家氣功「從腎論治」的理論值得深入研究。

二、道家氣功「從腎論治」的應用

道家氣功「從腎論治」的理論，臨床應用是以腎為核心，不僅可以治療腎虛病證，如陽痿、遺精、不育症、慢性腎炎、糖尿病、腰背酸痛、耳鳴等，而且可以治療與腎有關的臟腑病證。按照中醫五行學說，腎與肝、心脾、肺關係極為密切，腎屬水，肝屬木，腎水可以滋養肝木，所以滋腎養肝法能夠治療腎陰不足，水不涵木而致肝陰不足、肝陽上亢的病證，如高血壓、腦血管疾病、頭痛、眩暈、目赤腫痛等。心屬火、心藏神，腎水可以制心火，因此滋腎瀉心法能治療腎陰虧損而致心火上炎、心神不安的病證，如神經衰弱、心悸、心痹痛、口舌生瘡等。脾屬土，主運化，為後天之本、氣血生化之源；腎藏精，為先天之本，生命之源，腎、脾可以相互促進，所以健脾補腎法可以治療脾腎陰陽兩虛的病證，如慢性胃腸炎、潰瘍病

等。肺屬金，肺為氣之主，司呼吸；腎主納氣，補腎可以加強肺主管呼吸的功能，所以補腎納氣法能夠治療肺腎氣虛，咳喘日久的病證，如老慢支、肺氣腫、哮喘等。由於道家氣功鍛鍊是以內煉精氣神為主要目的，其中以內煉元精、元氣、元神尤為重要。而腎與元精、元氣、元神的關係最為密切，因此道家氣功「從腎論治」適用於治療許多常見病和多發病，這對於其臨床應用具有一定指導意義。

綜上所述，道家氣功「從腎論治」的理論是康復醫療的原理之一，從中醫理論和道家氣功臨床應用中證實氣功「從腎論治」的觀點是有一定科學根據的。

對道家氣功「調心」的研究

道家氣功具有健身康復、防病治病、延年益壽的作用已毋庸置疑。道家氣功用於祛病強身所取得的效果也越來越引起人們的普遍重視，而在道家氣功三調（調身、調心、調息）中，調心居首要地位。因此，深入探討道家氣功調心對機體的效應及實驗機理，是道家氣功研究中的重要內容。

道家氣功調心，主要是對心——腦功能的調整，這是練好道家氣功的關鍵。

通過道家氣功「調心——入靜」，有利於腦循環改善。我們對9例原發性高血壓患者，在接受氣功治療前後進行腦阻抗血流圖的測定，結果提示練功入靜後，可以使腦循環輸入阻抗下降，血管緊張性收縮程度減輕，有利於

腦循環改善。我們對入靜後腦血流圖的觀察表明，練功入靜對血管左右對稱性的調整和改善血管壁的彈性有積極作用。這對增強大腦機體活動，激發大腦固有潛能和改善全身機能狀態是極為有利的。

　　腦電圖a節律可以作為一個人意識水準的客觀指標。我們用多指標分析綜合觀察氣功功能態下腦電圖的變化，發現練功中腦電圖額部和枕部a節律電壓增加是其特徵之一；我們透過對36名練內丹功者練功過程中腦電功率譜分析也發現，腦電a波段在整個功率譜中所占的百分比明顯升高，腦電功率譜陳列圖分析也見a波段能量逐漸增大。腦電a波指數升高已被公認代表人的安靜程度，這說明a波增加確實反映了練功時大腦入靜程度，並且這種入靜程度是逐漸加深的。

　　氣功態下皮質自發電位活動的共性是a波峰值增加，頻率變慢，額枕腦波關係逆轉，以及全腦a波同步化。我們從氣功態下腦電圖的變化看，入靜後出現a波，給予刺激仍無變化，而休息及睡眠則無此現象。說明氣功入靜中大腦皮質狀態與休息和睡眠不同。《醫用氣功學》轉引北戴河氣功療養院和中國科學院生物物理研究所等單位報道：練功20分鐘前後兩次腦電圖測試結果表明，對照組額枕各頻度的相對功率無明顯變化，而氣功組在入靜過程中額區頻度相對功率明顯下降，a頻段則明顯上升，睡眠組則在枕區發生與此相反的變化。因此他們認為不應僅從氣功態時眼動頻率下降，呼吸次數減少，心臟早搏消失，腦血流量下降及痛閾提高等現象，就以為入靜是大腦皮質的

抑制，也不應從腦電功率譜的增高，多種動作敏感性準確率增加，光點響應功能增強，限時心算解題準確性上升以及肢體血液量增加，就認為練功引起大腦興奮，實際上練功是對整個神經系統興奮和抑制過程的調整。也有的學者認為，入靜下大腦皮質處於「清醒的低代謝狀態相吻合的主動性內抑制」。額區是腦功能最高級和潛力最發達的區域，練功中腦電圖a波幅明顯升高，說明有可能由氣功態接通額葉與丘腦——垂體系統的聯繫，從而使氣功者對體內過程的控制成為可能。練功者由主動的意識活動去影響內臟功能，達到治病強身的效果。同時，內臟及其植物性功能的活動訊息，由植物神經中樞——下丘腦，由丘腦進入專管意識活動的前額區，轉變成意識或對某些意識活動加以「潤色」，因而出現了入靜時的各種心理景象。由此可見，在氣動入靜過程中，額區皮質與丘腦之間相互作用，可能就是氣功的心理過程作用於生理功能的神經機制。

當大腦進入到氣功態時，人體的神經遞質及內分泌激素代謝也有一些良好變化。在氣動態下，腎上腺素代謝大大降低（降一半左右），而五羥色胺的代謝水準提高（高2～3倍）；可使生長激素、皮質激素分泌減少，血漿中催乳素濃度提高，多巴胺活性降低，從而使蛋白質更新率下降，相對地延長了神經細胞的壽命。

練內丹功後，Et-RFC%（總E花環形成細胞百分率），LT%（T淋巴細胞轉化率）和血清溶菌酶（其活力在一定程度上是機體細菌感染的非特異性免疫功能指標，可反映巨噬功能）含量均較練功前升高，可見氣功鍛鍊能夠提高

機體的免疫功能。

當人體處於鬆靜狀態時，對外周循環和微循環產生一定的影響，練功後5—HT含量明顯下降，這樣外周血管由收縮轉為擴張，表現在微循環多種指標改善，毛細血管血流量也比平時增加15～16倍。由於外周血管的擴張和毛細血管血流量增加，這時可感覺到手足或意守丹田等部發熱，有氣行、氣動、發癢等感覺，也就是氣功中所謂的「氣感」。毛細血管隨血流量的增加，攜帶血、氧等營養物質、激素等也相應增加。這也許是許多練功老人能夠童顏鶴髮、老年斑變淺或消失的原因。

據1977年美國學者本森（BCNSON）博士在研究氣功放鬆療法（即鬆弛反應）和靜坐實驗觀察證明，人類心理活動，可引起互相抗衡的下丘腦反應——應激反應和鬆弛效應。應激反應伴有交感神經系統活動增加，而鬆弛反應卻以持續的交感力降低變化為其特徵。機體放鬆後，可出現氧耗量、腦電、肌電、血壓、心率、呼吸頻率、動脈血乳酸鹽含量均有降低、減慢等一系列交感神經活動降低的變化。其中血液中乳酸鹽濃度降低，是由於入靜時全身緊張度減弱，毛細血管擴張，血液循環改善，血液中含氧量增加，而使得在缺氧時產生的疲勞素——乳酸鹽濃度下降，緊張和疲勞解除。我們透過高血壓患者練內丹功的生化參數變化，綜合觀察結果表明，氣功鍛鍊對中樞及植物神經系統，下丘腦——垂體——腎上腺軸、性腺軸以及脂質代謝等有多方面有益的調整作用。這些都為道家氣功保健、養生、治療、康復作用提供了客觀依據。

道家氣功意守某一事物，具有第二信號系統調節人體機能活動的作用。我們觀察到練習内丹功的意守勞宮時，相應部位的上肢血流非常顯著地增加，而非意念部位的下肢血流量卻有降低。認為這恰是氣功師進入氣功態以後，按照以意領氣的原則，意到氣到，氣到血到，使相應部位血液量增加，這是氣功之所以能自己治病強身的生理學基礎。練功過程血壓趨向正常範圍，而意守頭部則血壓上升，意守足部則下降，意守丹田則取其中常，意守部位的皮膚溫度也明顯上升。我們運用脈象儀測試内丹功鍛鍊時的脈象，也發現運氣於喉、胸、上腹、下腹等不同部位時，寸、關、尺脈象也起相應的變化，特別是練大、小周天功行氣時，脈象的幅度變化更大。我們從系統觀點出發，用多個指標綜合觀察了80名被試者在氣功功能態下腦電、呼吸、穴位皮膚溫度、心率和血流等生理學指標的變化，發現在氣功功能態下意守下丹田時，氣功師、練功組比對照組腦血流明顯減少，呼吸頻率顯著減慢，穴位皮溫上升，下丹田區域血流量明顯上升，腦電圖a波節律電壓上升。這些變化是氣功功能態下具有特徵性的生理變化。從而給描述氣功功能態提供了比較系統的客觀實驗指標。

　　道家氣功由調心——入靜、放鬆、意守，使中樞神經系統進一步得到修復、調整和平衡，同時也促進了循環系統功能，提高機體免疫機能，影響生化、代謝、内分泌功能等，從而使機體自動調節系統趨向有序化程度更高的狀態。這對保健康復、防病治病、延年益壽、開發潛能、增功增智都有著極其重要的意義。

第七章　太極棒尺內功傳人

陳　丹

太極棒尺內功相傳於華山道士陳丹，距今已有千餘年的歷史了。

陳丹乃道號，他的原名為陳希夷（817—989），是道家氣功修煉名人。他不僅在道家門傳授太極棒尺內功（原名為干坤針、導氣棒），他還著有24氣坐功導引圖。

據傳說在宋朝年間，陳丹與趙匡胤（宋太祖）是多年好友，陳丹曾教授給趙太極棒尺內功，並贈送24氣坐功導引圖。後來，趙匡胤當了皇帝，太極棒尺內功又成了皇宮中修煉養生長壽之密術。

彭庭俊

太極棒尺內功在道家門內相傳源遠流長。太極棒尺內功對外傳授還要從中國武術流行的鼎盛年代，清朝的1820年間談起。

當年道家名人霍成廣老道到山西一帶布壇傳道時，有一名叫彭庭俊的青年人，練習拳術多年，當他得知此消息後，不顧路途遠，趕去學習道家之術，尤其是當霍成廣老道講到如何修丹煉內功時，彭聽得如醉如癡深感有點石為玉之言，只覺相見恨晚，從此多次登門求教。

老道看彭勤奮好學，很是喜歡，每次彭去都根據他練功情況指點一二。彭如獲至寶，他按指點方法開始修煉道家內功術，幾個月後他已感內功進步了許多。當彭再次登門想正式拜師學藝時，不曾想老道已到其他地方雲遊布壇傳道去了。彭懊悔未及，無奈只好按老道指點的方法每日下工夫苦練。

一晃不覺三年過去了，三年之後當霍成廣老道再次到山西布壇傳道時，彭聽說後起大早趕去相見，當與老道談起這三年多按師之指點的方法，每日早起晚睡苦心修煉時，老道很是滿意，於是正式收他為徒。彭自拜老道為師，得其《道家內功》《導氣棒內功》，彭如獲至寶，經過一個階段的練功後，如魚得水，功夫日增，經過多年苦心修煉，終於功進大成，名揚武林界。

道家氣功著名傳人
胡耀貞先生武林逸事

有一年的大年初五，馮志強先生和十幾個師兄弟們約好了，一起到胡耀貞老師家去拜年。這幾天過年，胡老師正休息，見這麼多學生來給他拜年，很高興。他和大夥聊

了一會兒後，對大家說：「今天我讓你們體會體會『站樁功』的功效。」然後胡老師和大夥來到了院子裏，胡老師做了個「站樁功」的姿勢後，讓兩個人抓住他的左胳膊，兩個人抓住他的右胳膊，用勁向前拽，又讓兩個人在他背後使勁向前推他。只見這6個身強力壯的小夥子幾乎使出了吃奶的勁也沒有拽動胡老師一步。胡老師就像一座鐵塔一樣紋絲不動。突然，胡老師做了一個「金雞抖翎」的動作，6個年輕力壯的小夥子立刻被紛紛抖落得前仰後合地摔倒在地上了。

胡老師讓一個學生擊打他的腹部（丹田），當那個學生上步用拳頭猛擊他的腹部時，胡老師並不動手，只運用「丹田鼓蕩」的內功之術，便將那位學生擊出五六公尺開外。

據馮志強先生回憶當時的情景，當時大家既想看胡老師難得展露的內功絕技，又怕胡老師叫自己去試，所以有的人躲到牆角後面，有的人躲到房柱子後面，還有的人跑進屋子裏從窗戶往外看，誰也沒有勇氣再上前去試了。

晚上，大家在胡老師家吃飯時，胡老師語重心長地對大家說：「今天我給你們示範表演的內功之術，是想讓你們瞭解修煉內功的重要性，修煉內功就像蓋房子打地基一樣重要。」他一邊說著一邊從桌子上拿起了一根木筷子，隨手向門上一甩，只見木筷子似飛出去的利箭一樣，深深地紮入門板裏有4寸多深。

在大家驚歎之餘，胡老師又接著說：「今天你們都看到了，要記住一句武術諺語『練拳沒有功，到老一家

空』，希望你們以後要加強對內功的修煉。待你們內功達
到一定水準後，不僅能達到健身袪病、延年益壽之功效，
將內功運用於中醫的點穴按摩上療效更佳；運用於硬氣功
能開磚劈石；運用於拳術之中更覺氣力飽滿充沛；運用於
器械則更具威力；運用於技擊擒拿之中有更勝一籌之功
效。」

　　胡老師因勢利導的一席話，使大家更加瞭解到了修煉
內功的重要性。紛紛下定決心，一定要把內功練好。

太極棒尺內功是什麼年代被引進到陳式太極拳中來的

　　陳式太極拳中現在有兩項訓練內功重要的功法——太
極棒尺內功和站樁功。但是，從太極拳的歷史資料和書籍
中，從未提及到陳式太極拳中有太極棒尺內功和站樁功訓
練方法方面的記載。

　　那麼，太極棒尺內功和站樁功是什麼年代被吸收引進
為陳式太極拳的訓練方法的呢？

　　這還要從 1928 年 10 月陳發科先生從河南溫縣陳家溝
村來到了百花齊放的北京城談起。自從陳發科先生來到北
京，開始傳授陳式太極拳後，不久，便結識了當時北京武
林界道家氣功和心意六合拳的著名傳人胡耀貞先生。由於
兩人性格相近，又都酷愛練功，所以兩個人很談得來。陳
發科先生很敬佩胡耀貞先生精通內功之術和淵博的中醫知
識，胡耀貞先生也很佩服陳發科先生的太極拳技藝和令人

尊敬的武德，兩人在長期的交往中建立起了友誼，成了知心朋友。

　　當時陳發科先生住在宣武區螺馬市大街的河南會館，胡耀貞先生住在宣武區前門大街，他在北京市針灸門診部工作，是中醫師。兩家離得不太遠，所以他們時常在空閒時，互相串串門聊聊天。當然「三句話離不開本行」，兩人談論最多的是一些關於練功和武林界中的一些事情。

　　一個星期天的中午，陳發科先生吃過午飯後無事，便到胡耀貞先生家去串門聊天。當他走進胡家的院裏時，看見胡耀貞先生正在院子裏練習站樁功。陳發科先生不想打擾他練功，就從院裏悄悄地退了出來，便到前門商業街一帶去散步。一個多小時後，當他再次來到胡家時，看到他還在紋絲不動地站著，他又退了出來，到附近的一家茶館喝茶去了。當他第三次來到胡家時，正好趕上胡的太太從屋子裏出來，看見陳發科先生後，將他迎進了屋子裏。胡耀貞先生得知陳發科先生到來後，便收功不練了。

　　當兩人聊到練功方面的一些事情時，陳發科先生說：「經常看到你練習和談論起站樁功和太極棒尺內功。它的技術理論和練功方法很有獨到之處。我們陳式太極拳中也有纏絲功練習方法，兩者如能結合起來，豈不是更好了嗎？」胡聞此言道：「陳兄所言極是，我們不妨練練試試。」說著走進裏屋取出了兩個太極棒，然後，胡耀貞先生便帶著陳發科先生練了起來……從此，陳式太極拳的訓練項目中，又增添了兩項訓練內功的重要方法。

　　陳發科先生是陳式太極拳第十七代著名傳人，當時他

能做到互相交流，取長補短，實為現代人學習之楷模。

「太極巨人」馮志强先生武林逸事

力托千斤露神功

20世紀60年代，馮老師在北京電機廠工作期間，一天，過樑吊車吊著一臺上千斤重的電機芯在車間內運行時，突然發出了吱吱作響的異常聲音，原來是吊著電機的鋼絲繩鬆脫了，眼看電機就要墜落下來，正在旁邊工作的馮老師發現後，一個箭步衝上去穩穩接住了這個龐然大物。在場的人都被他的舉動驚呆了。

那電機芯的重量可是1100斤啊，平時七八個身強力壯的小夥子也要費好大氣力才能抬動。此事在電機廠裏傳開以後，不少年輕人出於好奇，多次想辦法激他露一手，可是馮老師不管青年人怎樣「欺負」他，總是笑笑，不和大夥兒較真。

那時北京電機廠裏有一個摔跤隊，隊裏有12個生龍活虎的小夥子。一天，馮老師路過摔跤隊的訓練場地，被小夥子們看見，便一窩蜂圍上來要與馮老師較力。

馮老師推辭不過，便笑著說：「你們排成一隊來推我吧！」於是這12名摔跤手一個接一個，像「火車」一樣排成一隊，最前面的人用兩手推在馮老師的腹部上，然後，隨著一聲「一、二、三，推！」的口令，大家一齊用力向

前推去，只見馮老師身體往下一沉，丹田內轉，12名摔跤手紛紛被東倒西歪地摔倒在地。

說來也巧，1987年在深圳舉辦的國際武術訓練班上，一個外籍學生也想試試馮老師的功力，便約來了7個同學一起來推馮老師，當時正巧有位記者在場，拍下了這個饒有風趣的場面。

愛憎分明懲歹徒

一天，馮先生下班回家途經一條胡同時，忽聽前面有人哭，走近一看，三個歹徒正在搶一個少女的自行車。歹徒見有人來，一齊亮出尖刀威脅著：「你少管閒事！」面對歹徒，馮先生怒從心起，說聲：「讓我遇見了就得管！」話音未落一拳打倒一歹徒。

第二個傢伙兇狠地刺過來，馮先生讓過刀尖，反手擒拿住歹徒的手腕，只聽「哢嚓」一聲，尖刀被打落在地。第三個歹徒從馮先生的身後衝上來，只見他一蹲身將歹徒掀翻在地，三個壞蛋一看碰上了硬碴兒全嚇跑了。

最後馮先生一直將少女送到家門口，等少女的家人來道謝時，他早已消失在夜色中。

巧挫美國大力士

1981年9月2日上午，北京體育學院（現北京體育大學）的衛生室裏請來了一位重眉毛、大眼睛、虎背熊腰、體格魁偉的老工人當按摩大夫。他，就是馮志強老師。

不一會兒，武術教練門惠豐陪著一位美國大力士來到

衛生室。他每天來按摩，倒不是因為有什麼病，而是在學習中國的按摩手法。

按摩完畢，他還趴在床上，衛生室的李大夫悄悄走到他的頭前，說：「你不是要見馮老師嗎？」

「什麼馮老師？」大力士一愣。

「馮志強老師呀！」李大夫抿嘴一笑。

原來，這位大力士叫庫瑪，是美國太極拳研究社教練，身高一米八十多，體重一百八十多斤，33歲。他6歲開始練猴拳、少林拳，後又學合氣道、形意、八卦、太極；為學瑜伽術內功曾專門到印度兩年，也曾向日本的最高手學柔道，在美國曾獲柔道冠軍；走遍五十多個國家。這次，他從東南亞、香港而來，走過的地方沒遇到對手。躊躇滿志的庫瑪來到北京體育學院後，找了幾位練太極、形意的人和他過手，不滿意地說：「像這樣的我不再見了，簡直是浪費工夫！」

說起馮志強，早年曾隨滄州人韓曉峰練通臂，隨山西人胡耀貞練六合心意和道家氣功，1951年拜河南陳家溝名拳師陳發科練陳式太極拳，深得陳式太極擒拿跌打的精髓，堪稱陳發科之高徒，曾多次與通臂、炮捶、形意、八卦、摔跤者較量，對方無不佩服他的功夫和人品。

寒暄過後，庫瑪練了幾個式子，比劃了幾手猴拳。問道：「怎麼樣？」

馮志強答：「你上身有力，下身發飄。」

庫瑪自然不服氣，便「謙虛」地請「馮老師」說說手法。

馮志強說：「好，你來勁，我接勁吧！」

庫瑪高興異常，用上全身解數，餓虎撲食般猛撲過來。說時遲，那時快，馮志強雙臂自下而上一迎，迅即沉肩墜肘，左膝已進入對方襠間。此招在太極拳上稱做「引進落空」。庫瑪有前傾撲空之感，趕緊後撤找重心，馮志強的右膝已絆住他左膝，哪裡站得穩？馮又一點他胸部，他一愣，馮並雙手發勁，沒等他反應過來，已被擊得騰空而起，幸好後面有人接住，否則還不知要跌成啥樣呢？

庫瑪站住身後，伸出大拇指，用不熟練的漢語咕嚕著說：「馮老師不得了，馮老師不得了！」

馮志強謙遜地伸出小拇指說：「在中國，我屬這個，比我強的還大有人在！」

「真太極」技驚上海

1982年7月，「全國太極名家匯演」在上海舉行。當時的上海武術界就像七月的夏天一樣，掀起了一股「太極熱」。而馮老師則是這股熱潮中最熱的熱點之一。其原因有二：

一是人們要看看這位挫敗洋武師名揚海內外、當今陳式太極拳最高代表的風采；

二是此次全國太極名家匯演，其他的太極名家都是帶著學生來並要和自己的學生表演太極推手的，而馮老師卻是單刀赴會，配手由大會指派。

第一場匯演時，大會組委會指派了一位練太極拳的當馮老師的推手對手，雙方一搭手，只見馮老師「彈簧勁」

一抖，對方便騰空而起，身體劃著弧線飛了出去，重重地撞向了主席臺，撞翻了臺上的杯子。觀眾們對馮老師精妙的推手報以熱烈的掌聲。

第二場匯演在室外體育場舉行，大會組委會又指派了一位練外家拳硬氣功的武術好手當馮老師的推手對手，此人在上海很有名氣，出手從不饒人。

雙方一交手，那人果然不客氣地使盡全力朝馮老師擊來，只見馮老師運用了一個太極拳中的「黃龍三攪水」的動作，一招便將他打翻在地。隨後又使用「引進落空」，使對方身體前栽後撲倒在地。

與會者及觀眾們大開眼界，對馮老師的太極功夫讚不絕口，那位推手對手更是打心眼裏佩服馮老師，他說出了大家的心裏話：「馮老師的功夫是真功夫，馮老師的太極是真太極。」

群星研技聚北京

「文革」過後，從1982年開始恢復了全國太極推手比賽，在幾年來的全國太極推手比賽上，參賽選手普遍技術水準較低，太極拳的技擊風格體現不出來，出現一些「頂牛」「拉址」的現象，有些人甚至對太極拳理論中的技擊方法產生了疑惑。根據此情況，中國武術院研究決定，召開一次全國太極推手研討會，以解決上述在全國太極推手比賽上存在的問題。

1990年，中國武術院邀請了全國太極拳各派的名家代表和在全國太極推手比賽上取得各級別的冠軍們，彙集在

中國武術院設在北京郊區的訓練場。中國武術院副院長張山主持了這次全國太極推手研討會，在研討會上有人提出了是比賽規則中的一些規定限制了推手技術水準的發揮，也有人提出是比賽場地較小而產生「頂牛」和「生拉硬扯」的現象等等。

陳式太極拳代表馮志強老師提出，參賽選手技術水準較低，功夫不到家，是造成太極推手比賽時發生「頂牛」和「生拉硬扯」現象的主要因素。所以，提高功夫水準、提高技術質量是克服推手弊病的最有效的方法。

在實踐推手研討時，中國武術院安排讓各級別的推手冠軍輪流進行推手，並請太極專家們在出現問題時，給予現場技術指導。在眾名師之中，馮老師自然又擔任起主要技術指導的重任。

當研討遇到發生「頂牛」現象時，馮老師指出，遇到此情況時一方要敢放鬆，敢放鬆才能進行「引進落空」化解對方的來勁，不敢放鬆是造成雙方發生「頂牛」現象的主要原因。年已60多歲的馮老師親自和他們進行推手，讓他們體會克服「頂牛」現象的有效辦法：

（1）當對方抓住馮老師的雙臂用力推來時，馮老師雙臂向後引動，待雙方舊勁已逝、新勁未生之際，雙臂迅速反彈以「彈簧勁」將對方發放出去；

（2）當對方用全力推馮老師胸部時，馮老師旋胸轉腰將對方勁化開，就在對方身體失重的剎那間，迅速進身上步，一記乾脆俐落的發勁，將對方發出去。對方起來後，抓住馮老師的雙臂再推，馮老師運用變化陰陽的技

術，將對方來勁「引進落空」後，迅速反擊，「合即出」地將對方擊打出去。

馮老師的言傳身教使大家心悅誠服，決心在提高技術質量上多下工夫。

名人拜師再學藝

在全國太極推手研討會結束的晚宴上，河南省太極拳代表張茂珍先生親自給在座的武術院的領導、太極拳名家的代表、各級別的推手冠軍們斟酒，並激動地說，我出身在一個武術世家，練功幾十年，雖然在河南鄭州等地有一些影響和名氣，但是，透過參加此次中國武術院組織的全國太極推手研討會，看到馮志強老師親自示範和技術指導，深感藝無止境。我十分敬佩馮老師的太極功夫，今天當著武術院的領導和大家的面，請大家作個證，我要正式拜在馮老師門下重新學藝。

話音剛落，坐在一旁的曹之麟先生站了起來，緊接著說我練武近20年，曾在太極推手上下過些工夫，獲得過上海市1982年、1986年和全國1986年的太極推手比賽65公斤級的冠軍。雖然取得了一些成績，但在實踐中免不了會產生兩力相頂的情況，我心裏也明白太極拳的特點是以弱勝強、以小力勝大力、沾連黏隨、不丟不頂、引進落空、四兩撥千斤、以巧取勝的道理，那麼怎樣在實踐中才能真正做到這些呢？透過近年來跟隨太極名家馮志強老師學習太極推手和混元氣功，方知其中奧秘，尤其觀看了幾次老師的太極推手技擊後，對我觸動更大，深感太極功夫博大

精深，學無止境。所以，我也要拜師再學藝，使自己的太極推手功夫更上一層樓。

他倆言短情切的一番話，博得了全場熱烈掌聲，大家紛紛舉杯向馮老師及其倆「弟子」祝賀。

「內功王」王鳳鳴先生武林逸事

點穴露絕技

一個外地人經人介紹找到了王鳳鳴老師，在交談中王老師得知，此人叫李××，在湖南省公安局做偵察員工作，酷愛練武，曾兩次獲得湖南省散打冠軍。又因在執行任務時，多次制服過行兇的歹徒而立功，受到上級部門的嘉獎。

他們倆交談了一會兒後，小李將話鋒一轉說道：「想和王老師試試手。」當他和王老師搭上手時，年輕力壯的小李感到自己的雙手臂猶如被膠粘住了一樣，身體如同被繩子捆綁住了似的，不管他用什麼辦法想解脫，總是擺脫不掉。這使小李有勁也用不上，有功夫也發揮不出來，當時他大惑不解地問王老師：「你運用的是什麼方法？」

王老師告訴他：「這是太極拳中沾連黏隨的技術。」

小李接著說道：「如果您不介意，我可以用散打快攻的方法嗎？」

王老師爽快地應道：「那你就進招吧！」

這回小李使出了他的散打本領，快速迅猛地出右拳來了一個猛虎掏心，朝王老師的胸口擊來。只見王老師用左手撥化開他擊來的右拳後，趁勢進身，將右腳放在他右腿的後面，右手臂放在他的脖頸處，說時遲那時快，手腳齊發，一個太極拳中的「擺蓮腿」便將他重重地打翻在地上。再看這位散打冠軍還真不含糊，一骨碌從地上爬起來後，又揮拳朝王老師的面部擊來。

　　王老師閃身讓過，同時用右手引化開他擊來的拳頭後，就在他肋部露出破綻的剎那間，順勢上步，運氣於左手二指，朝他肋部的章門穴上一點。小李感到如同利劍穿身一樣，疼痛難忍地用雙手捂著肋部蹲在了地上，張著嘴卻喘不上氣來，臉色也變得蒼白了。王老師看他痛苦不堪的樣子，便過去在他身上按摩了幾個穴位，過了一會兒，只見小李深深地出了一口長氣，才逐漸恢復到正常狀態。後來，小李成為了王老師的弟子。

　　國內外曾經領教過王鳳鳴老師點穴的一些人，無不為他那功深技精的點穴絕技所折服。

三戰三勝日本武士

（一）突然襲擊

　　1990年，王鳳鳴先生和馮志強老師應日中太極拳交流協會的邀請，來到日本東京進行太極拳教學。有一天上課的時候，王老師正在帶領日本學員練習太極拳套路，突然感覺到背部被猛擊一掌，剎那間，只見王老師隨擊來之

勢，迅速敏捷地轉動身體，用雙手就勢抓住了此人的胳膊，順勢一捋將他捋倒趴在了地上。

當時大家被這突如其來的情況弄蒙了，都不知道是怎麼回事？當即王老師透過翻譯對那個人說：「你這樣做事是沒有禮貌的。」

當那人從地上爬起來之後，馬上給王老師深深地鞠了一躬，並說道：「對不起王先生，我失禮了！」

下課後，王老師從學生們那裏瞭解到，此人××××，曾練習過空手道、柔道，這是他第一次參加太極拳課，想瞭解太極拳的技擊方式怎麼樣？試試王老師的太極功夫如何？

在日本的教學工作順利的結束了，在臨回國的頭一天晚上，日中太極拳交流協會的負責人小池勤先生找到王老師，提出想挽留王老師在日本進行一年的太極拳教學，當王老師因單位工作忙而婉言謝絕時，小池勤先生便馬上邀請王老師明年再來日本進行太極拳教學，並聘請王老師為日中太極拳交流協會顧問。

（二）正面交鋒

1991 年王鳳鳴先生應日中太極拳交流協會的邀請，第二次來到日本東京進行太極拳教學，那個叫××××的人又前來參加了王老師的太極課。

有一天上課，王老師講到陳式太極拳中「披身捶」動作的技擊要領時，說明此動作是用於破解對方抓拿衣襟後運用的技擊方法，××××聽後說道：「我們的柔道專門

會運用抓衣襟的方法，當對方被抓住以後，他便毫無辦法了。」

王老師聞此言道：「太極拳中的這個披身捶的動作，是專門破解對方抓衣襟技術的方法。」

此人聽後說到：「那麼請問，我們可以在實踐中進行一次驗證嗎？」

王老師爽快地應道：「當然可以。」

此人二話沒說，上來伸出右手就牢牢地抓住了王老師的衣襟不放，只見王老師用右手抓住對方的右手腕，將左肘放在他右胳膊的肘關節處，轉腰、合肘、運氣同時進行，運用太極拳中「截勁」的技術方法，一下子便將對方重重地摔倒在地。他爬起來再試，功效如前，換左手還是不行。最後王老師乾脆讓他雙手一起抓住衣襟，同樣還是被重重地摔倒在地上。就這樣連續反覆試驗了多次，直到王老師將他摔得無計可施了，他才不得不罷手。

（三）甘拜下風

1992年王鳳鳴老師應日中太極拳協會邀請，第三次來到日本東京講學時，那個叫××××的人再次前來，參加了王老師的太極課。

在一天的太極推手課上，當他向王老師學習太極推手的動作時，他認為施展的機會來了，便趁機抓住了王老師的兩隻胳膊，猛勁地向前推來。只見王老師旋手轉腕解脫了他的雙手，反過來抓住他的雙手腕後，順勢一採將他引進落空，此時他由上而下猶如跌入了萬丈深淵一樣。就在

他身體失控的剎那間，只見王老師迅速跟進發勁，對方身體好像彈丸般被彈抖出去3公尺多遠。

技擊不行他又較量擒拿，他上來用右手抓住了王老師的右手，王老師運用纏絲勁的技術將他反擒拿住，此時他的胳膊似被鐵鉗咬住了一樣疼痛難忍，並感到隨時都將有骨折筋斷的威脅，只好拍地認輸。

三次較量後他真的心服口服了。

在歡送王老師回國的晚會上。那個叫××××的人向大家坦誠地說：「以前看到別人演練太極拳，我不相信太極拳有什麼技擊價值。透過三年來參加王老師的太極拳和推手課後，使我改變了以前的觀點，現在我完全信服了中國太極拳中以小力勝大力、引進落空、四兩撥千斤、以巧取勝的獨特技術了。」

丹田技擊和擒拿

在赫爾辛基的TSL成人大學的一次太極拳課上，王老師講道：「太極拳是內家拳，是意氣運動，所以練習太極拳時要注意丹田、氣沉丹田，待丹田修煉到一定水準後，不僅能達到意到、氣到、動作到的練功效果，還能運用丹田來進行技擊和擒拿。」

這時一個學生疑惑不解地說：「以前我學習太極拳時，從未聽人講過這些，請問我可以體會體會運用丹田進行技擊和擒拿嗎？」

王老師聽後，便讓這位學生用雙手使勁推他的腹部丹田處，只見王老師身體重心下降氣沉丹田後，運用「丹田

鼓蕩」的方法將他發放了出去，對方再試，功效如前。然後，他又用一隻手猛力推向王老師的腹部丹田處，當王老師運用「丹田內轉」的方法進行擒拿時，只聽「哎呀」一聲，這位學生疼痛地一邊抖著手一邊顛著腳說道：「真沒想到這麼厲害！」

　　下課後，這位學生對一些學員們說：「我以前雖然練習太極拳多年，但是感到內功進步不快，一直停留在外形的水準上。這次很榮幸地與王老師相識，使我找到了太極拳與氣功同時修煉的好方法。」

　　在 1996 年法國巴黎舉辦的太極拳學習班上，《法國道》雜誌的主編採訪了王老師，在親自體驗了王老師的「丹田鼓蕩」和「丹田擒拿」的絕技以後，向大家講道：「我作為《法國道》雜誌的主編，曾經採訪過武術界的許多名人，但是達到王老師這種內功水準的，還真是不多見。」

以巧取勝的典範

　　一個星期天的早晨，王鳳鳴老師正在北京天壇公園裏練習陳式太極拳。一個外國人看到後來到他練拳的地方，用不熟練的中國話和王老師交談起來。他自我介紹說，他叫馬可夫斯基，家住在俄羅斯的聖彼得堡市，從小喜歡練武，曾練習過柔道、空手道、形意拳和太極拳。他有一個夢想，將來有一天到中國去學習武術。一直等到 1988 年俄中文化交流，他獲得了到北京體育大學留學的機會，才圓了他多年來的美好夢想。

交談了一會兒後，他說想和王老師推推手。當他和王老師推起手來時，心裏暗暗地吃了一驚。他想自己身高體重上都佔優勢，但是他們推起手來時，怎麼也找不到王老師的力點，猶如推到棉花上一樣虛靈柔化；隨他來勢的變化，有時王老師的身體又像一座鐵塔一樣沉重而穩固。

　　王老師這樣剛柔相濟、靈活巧妙的變化，使他沒有施展的機會。

　　於是他改變了方法，用雙手使勁緊緊地抓住王老師的雙臂不放，並用勁推。他感到王老師的一隻胳膊在向後螺旋滾動，使他勁力落空後，就在他身體失去重心的一剎那，迅速返回，雙手相合，一記漂亮的發勁，將他發出去一丈多遠。

　　他看抓住王老師的雙臂不行，於是就變為一隻手抓住王老師的胳膊另一隻手猛力推王老師胸部。只見王老師身軀轉動，他就像推在旋轉門上一樣，來勁被引進落空了，再見王老師順水推舟地捋他的胳膊，一下子便將他捋倒在地上了。在場的人無不佩服王老師以小力勝大力、以巧取勝的太極功夫。當時有人拍下了此鏡頭（圖141）。

　　幾次交手後，他被王老師精湛的太極功夫所折服了。自此以後，他除了在北京體育大學學習外，每逢星期天休息的時候，他都要坐上一個多小時的公共汽車，來到天壇公園找王老師學習太極拳和氣功，一直到他在北京體育大學學習結束。

　　馬可夫斯基返回俄羅斯後，給王老師寄來了邀請信和禮品。他在信中非常感謝王老師幾年來不辭辛苦地教授他

①　　　　　　②　　　　　　③

圖141　與俄羅斯武士交手圖

太極拳和氣功，並熱情邀請王老師到聖彼得堡市教授太極拳和氣功。王老師因單位工作忙不能脫身，便回信婉言謝絕了。

慧眼識才

　　1999 年 7 月王鳳鳴老師在韓國進行氣功太極拳教學期間，有一天，韓國太極氣功研究會會長黃龍仁先生帶來一位 40 多歲的婦女和一位 10 多歲的男孩子，這名男孩子名叫 Sehi，16 歲，在高中一年級讀書。在他 5 歲左右時，有時和父母說，他看到別人身上、胳膊上、手上有局部色彩和一些線狀物及點點的東西，他父母當時認為他小還不懂事，所以他說什麼也就沒在意。等他長到八九歲時，有時還和父母說諸如此類的話，家長這才意識到在這孩子身上存在一些問題，以為他視覺或是生理上有什麼問題或缺陷。他們先後去過韓國的幾所大醫院檢查，經過醫生、儀器的嚴格認真的檢查，檢查結果都是視覺正常，身體各部位均正常。

　　為此他們還找過一些韓國的氣功師詢問，但都是含糊其詞，不能得到正面的答覆。眼看著孩子一天天長大，作為家長的他們也一天天的為這孩子的身體和前途擔心。

　　經這位婦女介紹情況後，王老師為了更進一步瞭解情況，就指著旁邊的一個人的胸部讓他觀看，隨後他說出在那個人肺部周圍看到了白色似霧狀物。而後王老師又指著自己的心口處問他看到了什麼時，他說在此部位看到了紅色似霧狀物。王老師又提出了幾個問題讓他回答後，並伸出自己的胳膊讓他觀看辨認，他說朦朧中有幾條線狀物和一些點點於其中。

　　當王老師指著手心勞宮穴位時，他說看到了紅色（此學生從未接觸過中醫學和氣功，對此一無所知），經過反覆論證核實，最後王老師終於以他豐富的中醫知識和多年來修煉氣功的經驗體會，分析論證在這名孩子身上出現的這些現象並不是病症和生理缺陷，而是一種先天特異功能反映時，此位學生的母親已是熱淚盈眶了，她心情激動地對在坐的人說：「我和他父親為這孩子的身體和前途擔憂多年，王老師今天為我們解開了心中多年的疑慮，真是感激不盡。」當晚在飯店設宴招待了王老師等人。

　　後來這位女士還帶著孩子參加了王老師的太極棒尺內功學習班，當王老師講到轉勞宮動作，並做示範帶領大家練功時，這位學生發現王老師練功與眾不同，在王老師轉雙手時，其手部周圍有黃色光圈隨轉手而動。

　　在韓國仁川市的拜師會上，這位婦女拉著孩子的手來到王老師身旁說：「這孩子和您有緣，如以後他夠條件的

話，請您也收下他為徒，正式拜您為師學藝。」王鳳鳴老師慧眼識才，在韓國武林界被傳為佳話（圖142）。

圖142

附：《心坎經》原文

心印經

上藥三品　神與氣精　恍恍惚惚　杳杳冥冥
存無守有　頃刻而成　廻風混合　百日功靈
默朝上帝　一紀飛昇　知者易悟　昧者難行
履踐天光　呼吸育清　出玄入牝　若亡若存
綿綿不絕　固蒂深根　人各有精　精合其神
神合其氣　氣合体眞　不得其眞　皆是強名
神能入石　神能飛形　入水不溺　入火不焚
神依形生　精依氣盈　不殘不凋　松栢青青
三品一理　妙不可聽　其聚則有　其散則無
七竅相通　竅竅光明　聖日聖月　照耀金庭

心　經

天君泰亨　　百體從令　　元氣布行　　以齊七政

四象成道　　萬邦咸寧　　君臣際會　　靈臺緯經

四德正中　　繼繼承承　　璇璣運機　　閶闔衛榮

開楞釋鎖　　白雲捲空　　糯粺鑿御　　金蟬化形

維即互隔　　鍊擅丹宮　　益壽延年　　化身長生

存保心神　　大聖日用　　思慮未起　　鬼神莫量

道德廣大　　閑邪存誠　　心不在道　　道在心工

不入污穢　　不戮其躬　　能使不善　　不敢侵攻

精神守護　　心力氣靈　　萬紫山光　　造化興功

　　　右　心　經

一得永得　自然身輕　太和充溢　骨散寒瓊

得丹則靈　不得則傾　丹在其中　非白非青

誦之萬遍　妙理自明

上藥三品圖

上品
神宝　不壞　始氣
元神　　　　曩刼

中品
氣宝　衆氣　無氣
之魁　　　　失天

下品
精宝　資生　玄氣
資化　　　　万物

讚曰

玄元始氣太極精華理無二致三者一家

擎天柱地飛景流霞收歸金鼎結就丹砂

歡迎至本公司購買書籍

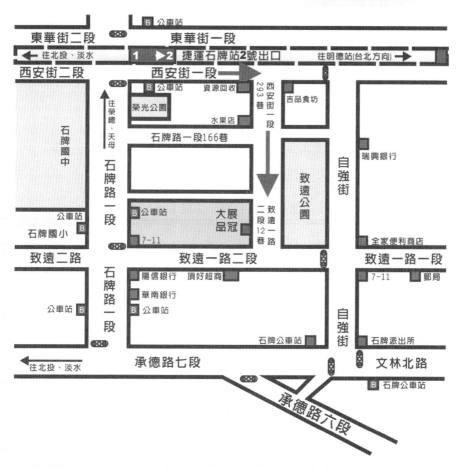

建議路線

1.搭乘捷運‧公車

　　淡水線石牌站下車,由石牌捷運站2號出口出站(出站後靠右邊),沿著捷運高架往台北方向走(往明德站方向),其街名為西安街,約走100公尺(勿超過紅綠燈),由西安街一段293巷進來(巷口有一公車站牌,站名為自強街口),本公司位於致遠公園對面。搭公車者請於石牌站(石牌派出所)下車,走進自強街,遇致遠路口左轉,右手邊第一條巷子即為本社位置。

2.自行開車或騎車

　　由承德路接石牌路,看到陽信銀行右轉,此條即為致遠一路二段,在遇到自強街(紅綠燈)前的巷子(致遠公園)左轉,即可看到本公司招牌。

國家圖書館出版品預行編目資料

道家太極棒尺內功／馮志強 傳授　王鳳鳴　編著
——初版，——臺北市，大展，2015〔民104.08〕
面；21公分 ——（養生保健；53）
ISBN　978－986－346－078－7（平裝）
1.武術　2.氣功
528.97　　　　　　　　　　　　　104010014

道家太極棒尺內功

傳　　授／馮志強

編　　著／王鳳鳴

責任編輯／朱曉峰

發行人／蔡森明

出版者／大展出版社有限公司

社　　址／台北市北投區（石牌）致遠一路2段12巷1號

電　　話／（02）28236031・28236033・28233123

傳　　眞／（02）28272069

郵政劃撥／01669551

網　　址／www.dah-jaan.com.tw

E-mail／service@dah-jaan.com.tw

登記證／局版臺業字第2171號

承印者／傳興印刷有限公司

裝　　訂／建鑫裝訂有限公司

排版者／弘益電腦排版有限公司

授權者／北京人民體育出版社

初版1刷／2015年（民104年）8月

定　價／220元

大展好書　好書大展
品嘗好書　冠群可期

大展好書　好書大展
品嘗好書　冠群可期